Pesquisa, Educação e Formação Humana
nos trilhos da História

Regina Célia Passos Ribeiro de Campos
ORGANIZADORA

Pesquisa, Educação
e Formação Humana
nos trilhos da História

autêntica

Copyright © 2010 Regina Célia Passos Ribeiro de Campos

PROJETO GRÁFICO DA CAPA
Diogo Droschi

PROJETO GRÁFICO DO MIOLO/EDITORAÇÃO ELETRÔNICA
Conrado Esteves
Waldênia Alvrenga

REVISÃO
Ana Carolina de Andrade Aderaldo
Ana Carolina Lins

Revisado conforme o Novo Acordo Ortográfico.

Todos os direitos reservados pela Autêntica Editora. Nenhuma
parte desta publicação poderá ser reproduzida, seja por meios
mecânicos, eletrônicos, seja via cópia xerográfica, sem a autorização prévia da editora.

AUTÊNTICA EDITORA LTDA.
Rua Aimorés, 981, 8° andar . Funcionários
30140-071 . Belo Horizonte . MG
Tel.: (55 31) 3222 68 19
Televendas: 0800 283 13 22
www.autenticaeditora.com.br

Dados Internacionais de Catalogação na Publicação (CIP)
(Câmara Brasileira do Livro, SP, Brasil)

Pesquisa, Educação e Formação Humana: nos trilhos da História / Regina Célia
Passos Ribeiro de Campos. – Belo Horizonte : Autêntica Editora, 2010.

Vários autores.
Bibliografia.
ISBN 978-85-7526-507-9

1. Educação 2. Educação - História 3. Pesquisa educacional 4. Professores
- Formação profissional.

10-09120	CDD-370.72

Índices para catálogo sistemático:
1. Pesquisa educacional 370.72

Sumário

Prefácio
Pedro Demo..7

Apresentação
Regina Célia Passos Ribeiro de Campos..9

Ecos do passado: a desconstrução da pesquisa
histórica na constituição de um acervo documental
Regina Célia Passos Ribeiro de Campos..13

Pesquisa histórica sobre educação e gênero:
relato de uma trajetória
Magda Chamon..35

Os arquivos escolares: desafios e perspectivas
de pesquisa para a História da Educação
Ana Amélia Borges de Magalhães Lopes..51

A prática da captura dos meninos dos gentios no Brasil
quinhentista: uma reflexão sobre o discurso pedagógico
André Márcio Picanço Favacho..69

Vozes ocidentais e da periferia: algumas reflexões
em torno do diálogo a instaurar na pesquisa sobre a África
José de Sousa Miguel Lopes...87

Explorando narrativas: algumas reflexões
sobre suas possibilidades na pesquisa
Santuza Amorim e Karla Cunha Pádua...105

Fazendo tipo: o uso da Etnografia no contexto escolar
Mauro Giffoni de Carvalho..127

É possível ensinar sem reprovar? Relato de
uma investigação etnográfica na sala de aula
Maria de Lourdes Sá Earp...145

Os autores...171

Prefácio

Pedro Demo*

Foi-me oferecida a oportunidade de prefaciar esta obra, por entenderem os autores que poderia acrescentar algum gesto relevante. Imagino que esse gesto seja minha "pregação" incansável em favor de "educar pela pesquisa". Trata-se de um grupo de professores que abraçou o desafio de pesquisar/elaborar, por saber que a docência só é adequada se for resultado de autoria. Em nosso meio, essa preocupação ainda é isolada, pois predomina a prática da docência sem autoria: inúmeros professores dão aula sem produzir nada. Inserem-se no modelo ibérico de universidade de "ensino", à revelia de outros modelos (em geral "nórdicos") que colocam pesquisa como razão maior de ser da vida acadêmica, incluindo-se aí, sempre, a formação dos estudantes. Pesquisa, assim, não aponta apenas para o labor científico, um objetivo indispensável, mas igualmente para o compromisso com formação mais adequada dos estudantes, um objetivo não menos indispensável. Se o professor é autor, tem o que dizer. Caso contrário, sua aula poderia ser arrolada como "plágio". Por isso, dizem alguns que o plágio maior não é o do aluno que corre para a internet com o intuito de copiar. É do docente que oferece ao aluno uma aula copiada, esperando que o aluno copie essa aula. Como se trata de tradição secular, profundamente entranhada em nossa prática docente, não se pode pretender mudar de uma hora para outra. Entre os professores que apenas dão aula, também há os que se esforçam muito, estudam bastante, e se mantêm atualizados. Entretanto, essa prática carece ser superada, na brevidade possível, se quisermos que as universidades sejam entidades do milênio da aprendizagem e do conhecimento.

---

* Bolsista de Produtividade em Pesquisa CNPq. Doutor em Sociologia pela Universität des Saarländes, Alemanha (1971) e pós-doutor pela University of California, Los Angeles, Estados Unidos (2000). Tem atuação em Fundamentos da Educação, com ênfase em Sociologia da Educação e trabalha na *Revista de Educação AEC.*

Este grupo representa, na minha concepção, uma nova geração de professores que descobriu ser pesquisa tópico central da aprendizagem. Por isso mesmo, já não se colocam no centro da sala de aula. Esse centro é do aluno. Papel do professor é cuidar que o aluno aprenda. Ora, o aluno aprende bem com professor que aprende bem. O aluno pesquisa, se o professor pesquisar. Para estar à altura das expectativas do aluno, o professor necessita aprender tão bem de modo que possa cuidar da aprendizagem do aluno. Ao mesmo tempo, o labor da pesquisa pode introduzir grandes mudanças na academia. Desde que praticada com devida *qualidade formal*, pesquisa exige cuidados metodológicos, discussão acurada sobre a demarcação científica (cientificidade), exercícios metódicos e técnicos (por exemplo, produção de dados empíricos), questionamentos epistemológicos (por exemplo, lugar da pesquisa qualitativa, sem dicotomias). A autoridade do argumento será preferida ao argumento de autoridade, com base em argumentação adequada, procurando-se fundamentar tudo que se diga. Ainda, toda fundamentação realmente profunda reconhece que não tem fundo, já que não há como encontrar um ponto final, uma verdade pronta. Quanto mais profunda é a fundamentação, mais consegue reconhecer que é uma proposta entre outras. A autoridade do argumento é gesto aberto que convida outros argumentos a participarem dessa esfera pública. Conhecimento científico é um discurso sempre "discutível", no sentido de questionar e ser questionado.

Com devida *qualidade política*, a pesquisa atinge condições formativas marcantes, à medida que move o estudante a negociar consensos abertos, a praticar a cidadania que sabe pensar, a participar democraticamente das discussões. Lidar com a "força sem força do melhor argumento" – como diz Habermas – é naturalmente uma dinâmica formativa, porque induz a aprender de modo solícito e respeitoso, a questionar civilizadamente, a unir crítica e autocrítica maieuticamente, a manter-se figura discutível e a oferecer propostas não dogmáticas, a trabalhar em equipe negociando consensos abertos. Em geral, é fácil de constatar: alunos que pesquisam com seus professores não só aprendem metodologia, sobretudo se formam melhor. Contudo, esse resultado exige uma condição prévia: os professores precisam saber pesquisar e fazer da pesquisa o modo mais profundo de aprender pela vida toda. Quem pesquisa mantém o conhecimento em dia, não perdendo jamais o tempo em transmitir, reproduzir. Quem pesquisa mantém-se à altura dos alunos.

Faço votos que o exemplo deste grupo se dissemine. É urgente que a universidade entenda que sua chance neste milênio está na produção de conhecimento e na formação qualitativa dos estudantes. Pesquisa é necessidade vital.

Apresentação

Refletir sobre a relação entre Pesquisa, Educação e Formação Humana significa, no contexto deste livro, discutir as bases da pesquisa, sob o viés da História e da Educação. Áreas de conhecimento diversas se entrelaçam nos trilhos da História, esta construída no cotidiano da pesquisa e das salas de aula, em trajetórias de pesquisadores, a maioria membros do corpo docente do mestrado em Educação da Faculdade de Educação da Universidade do Estado de Minas Gerais. Um grupo comprometido com a construção das relações entre Pesquisa, Educação e Formação Humana. A tentativa é a de colocar em destaque a importância dos processos investigativos baseados na articulação interdisciplinar para a construção do conhecimento no campo educacional.

As relações entre demandam elementos investigativos baseados na abordagem qualitativa, na desconstrução, na leitura da história, na crítica da pesquisa e de novas abordagens do campo educacional. Trata-se, portanto, da iniciativa de instigar a uma discussão profícua acerca de alguns dos muitos aspectos desse vasto campo, elementos e relações indispensáveis à proposta de análise crítica das práticas de investigação, de forma a colocar a pesquisa educacional em questão.

Atualmente, dentro do campo de estratégias das políticas educacionais internacionais e nacionais, a pesquisa se insere no campo das demandas acadêmicas e das práticas de formação de alunos e professores nas universidades brasileiras. Isso significa que a pesquisa passa a ocupar um lugar de destaque para a Educação e Formação Humana.

Para além do ato de cumprir acordos e metas politicamente estabelecidos, o debate sobre os processos de pesquisa aqui apresentado pretende contribuir para ampliar as discussões do campo científico educacional. É claro que esse debate não pretende responder a todas as questões desafiadoras que se impõem no cotidiano escolar, mas pretende exemplificar a complexidade dos processos investigativos, relatar os desafios e as carências que sofrem a pesquisa em Educação.

Em nossa opinião, o debate apenas se inicia, se abre para convocar outros pesquisadores na investigação de novos elementos relevantes, para essa discussão da relação entre Pesquisa, Educação e Formação Humana.

Não se trata apenas de um relato sobre o fazer da pesquisa, mas de um esforço de autoria, como preconiza o Dr. Pedro Demo, uma reflexão subjetiva sobre a própria imersão na pesquisa – os problemas, as dificuldades encontradas, o esforço conjunto por encontrar respostas, a entrada no campo, os desafios institucionais e tantos outros. A proposta é refletir criticamente sobre as atividades de cada pesquisador no cotidiano da pesquisa, nossas práticas e experiências vivenciadas no campo educacional.

Ao buscar escutar os ecos do passado, capítulo de minha autoria, busco retratar o processo da pesquisa histórica desde o desafio de constituição de um acervo documental até os passos de uma análise de dados históricos. Ainda nessa perspectiva da pesquisa histórica, os capítulos seguintes trazem o relato da trajetória de pesquisa sobre educação e gênero, da Dra. Magda Chamon, e a discussão da Dra. Ana Amélia Borges Magalhães Lopes sobre a importância dos arquivos escolares para a História da Educação. O Dr. André Favacho nos possibilita uma reflexão foucaultiana interessante, pois revela que é possível refletir nosso discurso pedagógico atual nos trilhos da história das práticas de captura dos meninos dos gentios no Brasil quinhentista.

Em "Vozes ocidentais e da periferia", o Dr. José de Sousa Miguel Lopes instaura algumas reflexões em torno da pesquisa sobre a África, premiando-nos com sua colaboração ao refletir sobre a presença, seja entre os brasileiros, europeus ou africanos, dos preconceitos na coleta e análise dos dados de pesquisa.

Dra. Santuza Amorim e Ms. Karla Cunha Pádua oferecem uma contribuição metodológica sobre a utilização da entrevista narrativa como possibilidade de expressão dos sujeitos entrevistados em relação aos temas que lhe são postos, instrumento importante que vem sendo muito utilizado nas pesquisas contemporâneas.

O Dr. Mauro Giffoni de Carvalho faz uma análise crítica do que tem sido feito em termos de pesquisa etnográfica no espaço educacional, evidenciando que nem sempre tudo o que recebe o nome de pesquisa etnográfica é realmente uma pesquisa etnográfica.

Nessa perspectiva do debate iniciado pelo Dr. Mauro Giffoni, a pesquisadora e antropóloga Dra. Maria de Lourdes Sá Earp, nossa autora convidada, vem relatar sua pesquisa etnográfica no espaço escolar da sala de aula.

Este livro é uma parte do grande esforço pelo reconhecimento do que fazem os pesquisadores, apesar de que um pesquisador, num sistema que nem sempre o reconhece como tal, nem sempre sobrevive como pesquisador. Partimos do presssuposto de que esses relatos de pesquisa irão contribuir para originar e nortear outras pesquisas, por que uma pesquisa não deve morrer em si mesma.

Ao evidenciar os processos de investigação, buscamos introduzir a dimensão crítica da pesquisa qualitativa, a elaboração da problemática, o cuidado com as interpretações enunciadas, o uso das fontes e dos métodos, a entrada no campo, a sistematização dos dados, na tentativa de compreender e analisar os fenômenos da atividade científica na produção de novos conhecimentos para compreender a educação e a formação humana.

Trata-se de não descolar o processo de construção da pesquisa do processo humano de significação da pesquisa realizado por seus pesquisadores. Acreditamos que seja a atribuição dos sentidos dados à pesquisa e sua significação que situa e comporta, numa perspectiva sócio-histórica, o processo de produção científica. Por isso, este livro vem corresponder à necessidade de evidenciar alguns dos recortes e debates acadêmicos que se inserem em nosso centro de pesquisa para estabelecer as relações entre Pesquisa, Educação e Formação Humana.

Espero que ao finalizar este livro, os leitores, alunos e pesquisadores possam entender o ser pesquisador. Poderia usar duas metáforas para explicar a pesquisa. A primeira metáfora é a dos trilhos da locomotiva que ainda corre pelos campos de Minas Gerais. Eles estão enterrados no chão, sólidos e perenes, recebem o peso da viagem, mas cada vagão vai trazendo vidas, histórias, sorrisos, saudades... coisas pra contar e viver. A pesquisa pode ser também, usando outra metáfora, mais saborosa, comparada a um bacalhau salgado. Preparar um prato de bacalhau leva tempo, é preciso sujar as mãos, impregnar-se do cheiro acre do peixe, retirar cada espinho, para depois, ao final, todos saborearem a iguaria.

Nem todos conseguem, nem todos buscam os mesmos fins. A pesquisa só é realmente válida se, como a locomotiva nos trilhos, vai ao encontro do outro, se se abre para esse outro e para o mundo. Nesse caso, ela também se torna um grande banquete, em que todos podem se servir.

A Organizadora

Ecos do passado: a desconstrução da pesquisa histórica na constituição de um acervo documental

Regina Célia Passos Ribeiro de Campos

Por possibilitar realizar alguns tipos de reconstrução, o documento escrito constitui, portanto, uma fonte extremamente preciosa para todo pesquisador nas ciências sociais. Ele é, evidentemente, insubstituível em qualquer reconstituição referente a um passado relativamente distante, pois não é raro que ele represente a quase totalidade dos vestígios da atividade humana em determinadas épocas. Além disso, muito frequentemente, ele permanece como o único testemunho de atividades particulares ocorridas num passado recente.

ANDRÉ CELLARD

As pesquisas e as produções científicas no campo da Educação e da Formação Humana podem assumir várias roupagens. Este capítulo instaura a discussão no campo da História. Trata-se de uma discussão que se conjuga por um viés histórico que tem sido sustentado nos pilares da existência e preservação de acervos documentais que guardam registros e memória institucional e administrativa de diversos campos do conhecimento. O método histórico permite a investigação de fatos, ideias, pessoas e instituições, situados em um tempo e em um contexto sociocultural específico, o que favorece a compreensão de continuidades, descontinuidades e possíveis entrelaçamentos entre os fenômenos passados com a realidade atual e futura.

A pesquisa científica em acervos documentais possibilita a localização, no tempo e no espaço, em constante movimento de discussão, das realidades sociais e culturais, dos conflitos e contradições que se operam na sociedade.

O presente capítulo pretende trazer à tona questões dos pesquisadores que se debruçam sobre documentos históricos na esperança de compreensão da realidade, questões que surgem a partir dos desafios encontrados desde a guarda e arquivamento de um documento até os processos de análise crítica documental. Essa discussão pretende focalizar, como elemento transversal, o relato de um trabalho de pesquisa histórica que, ainda em andamento, busca consolidar-se no acervo de documentos produzidos por um serviço público de Psicologia aplicada à Educação e ao Trabalho, instituído no estado de Minas Gerais, no período que compreende 1949 a 1994 – o Serviço de Orientação e Seleção Profissional (SOSP).

Acredita-se que, dentro do atual contexto sociopolítico e cultural brasileiro, o resgate dessa memória e a constituição desse acervo possibilitarão a interlocução entre diversas áreas acadêmicas do conhecimento, de forma a estabelecer preciosa fonte de consulta para as pesquisas em Educação e Trabalho.

A equipe de pesquisa do Projeto SOSP é composta por um grupo interdisciplinar formado por psicólogos, pedagogos e historiadores, professores e alunas de Pedagogia, bolsistas de iniciação científica, da FaE/UEMG, estabelecendo assim as convergências e divergências entre as áreas dos saberes nas quais estão vinculados. A pesquisa pretende criar a possibilidade de articular projetos transdisciplinares, nos quais as fronteiras disciplinares da Educação, da Psicologia, da Sociologia e da História cedem lugar a uma produção de conhecimento única e original.

O exemplo dessa prática de pesquisa acerca desses documentos possibilitará a visualização dos enfrentamentos e desafios da pesquisa científica brasileira nos tempos atuais.

Partimos da concepção de uma história ampla, produzida e difundida não apenas por importantes teóricos do conhecimento científico, mas também pelas mãos daqueles sujeitos, individuais e coletivos, que construíram silenciosamente a história e deixaram seus registros, documentos e outras fontes, guardados na memória e nas caixas.

Ninguém pode imaginar o que é fazer uma pesquisa histórica até que se depare com caixas e mais caixas empoeiradas, úmidas, cheias de papel mofado e letras mortas. O odor forte do esquecido entra pelas narinas, apesar da máscara, as mãos soam dentro das luvas e os braços carregam o peso não só dos grandes fardos de documentos, mas também o pesado preço do anônimo, do enigmático e do inexplicável. Os ratos e baratas deixam seus vestígios. Os escorpiões, o pesquisador sabe, estão lá. Mesmo assim, quando as caixas são abertas, outro universo se revela. Os papéis amarelados pelo tempo deslizam pelos dedos do pesquisador.

As décadas passadas fluem, em seu movimento dinâmico. Não se trata de uma letra morta, um papel envelhecido, uma voz silenciada. Se o pesquisador acurar bem o ouvido, é possível até escutar o burburinho de pessoas trabalhando, discussões profissionais, *tic-tac* das máquinas de datilografia, passos rápidos pelo corredor, risos e conflitos abafados. As lágrimas, com certeza, já secaram no papel dos registros das histórias de vida, mas o pesquisador sabe que elas estão lá. Se tiver sensibilidade, ele escuta, também, as vozes que foram silenciadas pela aposentadoria e, por que não, pela morte prematura, de cansaço ou de velhice.

A pesquisa histórica é, assim, uma aventura e um dilema. Aventura, pelos riscos e pelas descobertas; dilema, pois o pesquisador precisa examinar bem antes de propor um projeto nessa área com pouca valorização científica e porque o tempo que uma pesquisa desse porte demanda é longo.

A constituição de um acervo

Ao longo do século XX, com a Escola Francesa dos Annalles e outros pesquisadores internacionais, as concepções tradicionais sobre a História em seu foco triunfante de heróis, grandes eventos e datas, e a ideia de um processo evolutivo linear e cronológico da trajetória das instituições e da produção do conhecimento científico foram questionadas e inovadas (LE GOFF, 1990; BLOCK, 2002; BURKE, 1991).

No Brasil, o campo da pesquisa histórica possui uma vertente de estudos e pesquisas sobre a história das instituições que revela um conjunto de fontes amplo e diversificado. No campo da História da Educação, por exemplo, a história das práticas educacionais do início dos séculos XVII até os dias atuais está sendo escrita através do registro oral e fontes documentais de inúmeras instituições escolares (SOUZA, CATANI, 1998; FARIA FILHO, 2000 e 2000a; MIGNOT, CUNHA, 2003;).

No campo da História da Psicologia, o resgate das fontes documentais viabiliza não só o registro de suas origens, mas sua constituição como ciência e profissão (WERTHEIMER, 1982; GOULART, 1995; BROZEK, GUERRA, 1996; BOM MEIHY, 1996; CAMPOS, 2003).

A pesquisa histórica atual cada vez mais busca apurar o olhar, de maneira a compreender as singularidades e as diferentes práticas institucionais que se formam em diferentes campos de produção científica, sobre a perspectiva de uma História voltada para o cotidiano, que dá o tom do processo social, uma vez que "o histórico não é o grandioso, o singular, o espetacular, mas a teia diária da vida de todos os homens", história constituída das pequenas coisas (PEIXOTO, 2001, p. 193).

Na perspectiva de uma nova História, esse trabalho vem refletir sobre os fenômenos sociais de um serviço de Psicologia Aplicada, a partir de seu produto, que quase se tornou expurgo e que, para alguns, ainda hoje é considerado lixo. O resgate desse material revela uma nova forma de fazer História – a história do SOSP –, os documentos registram as práticas e representações dos funcionários, usuários e de uma grande parte da sociedade que era ali atendida.

Estabelecer um diálogo com a experiência de investigação da história das instituições possibilita uma visão mais alargada dos processos e maior visibilidade das representações sociais e culturais que se constituem em torno dos quadros profissionais e científicos. Os estudos sobre a história das instituições no Brasil buscam a constituição de um campo de pesquisa que vai, aos poucos, se ampliando. Sua configuração, atualmente, aponta para a utilização de outras fontes não tão comuns como: memórias, autobiografias, filmes, fotografias, músicas e outros.

O trabalho de pesquisa iniciou-se através de um projeto financiado pela Fundação de Amparo à Pesquisa do Estado de Minas Gerais (FAPEMIG). O material era originário do antigo Serviço de Orientação e Seleção Profissional (SOSP). Foi encontrado, em meados de 2003, em precárias condições, estava em vias de ser incinerado, "sem destinação" e tratamento, sem uma política de preservação arquivística ou de pesquisa. Acondicionado em caixas de papelão ou sacos plásticos, no chão de um galpão de depósito de materiais velhos, o grande volume media oito metros lineares de comprimento por quatro metros de largura e um metro de altura, totalizava 32 metros cúbicos de papel, produzidos por quase 50 anos de serviço público.

As palavras "constituição de acervo" não dão conta da dimensão do trabalho. A dimensão desse trabalho torna-se mais evidente quando Peixoto (2001) o identifica como um "trabalho de garimpagem marcado pela tensão" (p. 195). A despeito desse esforço de cada pesquisador, surge também uma "alegria em conseguir chegar aos porões escuros, empoeirados e cheirando a mofo, o encantamento provocado pelos cadernos amarelados, com suas letras bordadas, pelos jogos pedagógicos repletos de cupim [...]" (p. 196).

Os pesquisadores, ao realizarem a pesquisa SOSP, vivenciaram situações parecidas com o relato da autora. Cada caixa aberta trazia uma surpresa, ora baratas, ora um rato pulando, ora um escorpião. Por outro lado, o resgate de cada documento, muitas vezes, trazia bens preciosos para o pesquisador: uma história de vida, um laudo psicológico ou uma seleção para um cargo de um órgão do Estado.

Aconteceram perdas, alguns documentos, ao serem tocados, se dissolviam, outros estavam tão embolorados que se tornaram escuros e cinzentos. Havia discos que descascaram mostrando uma estrutura metálica ao fundo, lâminas de testes cujas fotografias desbotaram e jogos de madeira que, caruchados, não puderam ser recolhidos.

Diversas inquietações surgiram durante o trabalho de catalogação dos documentos, principalmente no que se refere ao estudo da metodologia mais adequada para os objetivos dessa pesquisa. Era claro que as práticas psicológicas do SOSP constituíam-se de práticas científicas, mas também práticas políticas, e que toda aquela documentação trazia à tona diversas concepções de saúde psíquica que envolviam os processos históricos da avaliação psicológica e constituição de identidades profissionais nas diferentes décadas do seu funcionamento.

Para realizar o trabalho, foi necessário o estudo sobre o método histórico. Para Lakatos e Marconi (2001, p. 107), tal método

> [...] consiste em investigar acontecimentos, processos e instituições do passado para verificar a sua influência na sociedade de hoje, pois as instituições alcançaram sua forma atual através de alterações de suas partes componentes, ao longo do tempo, influenciadas pelo contexto cultural particular de cada época.

Não se trata, portanto, da reconstituição do passado pelo passado, mas de uma reflexão sobre a sociedade, a partir do contexto de sua formação e do processo de mudança que ocorreram ao longo do tempo. Analisar os fenômenos, portanto, é contextualizá-los em sua gênese, em seu desenvolvimento e no processo de entrelaçamento com outros fenômenos, uma vez que

[...] o método histórico preenche os vazios dos fatos e acontecimentos, apoiando-se em um tempo, mesmo que artificialmente reconstruído, que assegura a percepção da continuidade e do entrelaçamento dos fenômenos (LAKATOS, MARCONI, 2001, p. 107).

Trata-se da possibilidade de realizar a pesquisa documental, que, embora não esteja restrita a documentos escritos, constitui-se no que se denomina "fontes primárias". Os registros e documentos produzidos pelo SOSP, no período de 1949-1994, foram considerados como "dados de fontes primárias", segundo a classificação de Lakatos e Marconi (2001). Entretanto, esbarramos com o problema do excesso de documentação – existia um grande volume de material (cerca de 32 metros cúbicos de papel) que requeria um tratamento adequado. Sobre o volume de documentação, Lakatos e Marconi (2001, p. 176) orientam:

> Para que o investigador não se perca na "floresta" das coisas escritas, deve iniciar seu estudo com a definição clara dos objetivos, para poder julgar que tipo de documentação será adequada às suas finalidades. Tem de conhecer também os riscos que corre de suas fontes serem inexatas, distorcidas ou errôneas. Por esse motivo, para cada tipo de fonte fornecedora de dados, o investigador deve conhecer os meios e técnicas para testar tanto a validade quanto a fidedignidade das informações.

Sabíamos que os documentos eram dados fidedignos, originários de uma fonte de produção de saber certificado e oficial, entretanto, as questões de espaço físico imperavam.

Ao relatar seu trabalho de constituição de um arquivo histórico a partir da documentação do Conselho de Fiscalização das expedições artísticas e científicas no Brasil, Castro (2005) refere-se à dificuldade encontrar um local específico para a guarda do material, pois os documentos não são guardados em local abstrato, exigem locais específicos, aclimatados, com segurança, o que nem sempre acontece. Ao relatar seu trabalho de constituição de um arquivo histórico a partir da documentação do Conselho de Fiscalização das expedições artísticas e científicas no Brasil, Castro (2005, p. 37) diz que, geralmente, os documentos "estão sujeitos a constrangimentos físicos de diversas ordens: características do local de arquivamento, espaço disponível, exposição a elementos climáticos ou ambientais, segurança, etc.".

No início, não tínhamos sala para trabalhar com o material e tentamos por algumas vezes trabalhar lá mesmo, no referido galpão. Entretanto, as condições eram muito precárias: não havia banheiro nem água potável, e o ambiente fechado e com móveis velhos era muito insalubre. Algumas caixas estavam mais danificadas, pois, com as chuvas, o telhado do galpão pingava e molhava o chão, o que deteriorava o papelão das caixas que estava em contato direto com o chão úmido. Apesar disso, a perda de documentos pareceu relativamente pequena.

O ano de 2004 foi todo ele um longo processo de negociações, desde a formação da equipe de pesquisadores, a elaboração e aprovação do projeto de pesquisa junto à FAPEMIG, até a instalação do espaço da pesquisa, quando os computadores foram comprados. No início do ano de 2005, o projeto foi aprovado pela FAPEMIG e, através de negociações com a Pró-Reitoria de Pesquisa e Extensão e com a Diretoria da Faculdade de Educação, conseguimos uma pequena sala para instalarmos os computadores e os dois bolsistas de iniciação científica, a sala situada no sótão da Faculdade e com cerca de seis metros quadrados, que já havia sido inundada em outros anos. Apesar disso, o espaço possibilitou iniciarmos as reuniões semanais de estudo com a equipe de pesquisadores, em que se revezavam assuntos administrativos e estudos teóricos, todos registrados em atas. Tais reuniões serviram não só para discutir as dificuldades e o andamento da pesquisa, como também criar o clima necessário para o interesse e a participação dos pesquisadores no grupo.

Somente nas férias de dezembro de 2005, com o acordo da diretora e da coordenadora do Centro de Pesquisa e Extensão da Faculdade de Educação, a equipe passou a se reunir nas dependências do Centro e iniciou-se a retirada do material do galpão. Na emergência de conseguir um local para colocar o material, a antiga salinha serviu como depósito para receber parte do material do SOSP.

Um acervo possui, segundo Heymann (2005), uma "singularidade orgânica que lhe confere sentido". A pesquisadora do Centro de Pesquisa e Documentação da Fundação Getúlio Vargas (CPDOC-FGV) no Rio de Janeiro, ao comentar sobre o grande volume de documentos que compõem o acervo de Darcy Ribeiro, adverte que:

> [...] a documentação acumulada por determinada instância, seja ela uma pessoa física ou uma instituição pública ou privada, deve ser mantida coesa, respeitando-se a individualidade do conjunto, sem misturá-lo a documentos provenientes de outra origem, na medida em que este é dotado de uma singularidade orgânica que lhe confere sentido, por refletir

atividades, dinâmica e critérios da instância responsável pela acumulação (HEYMANN, 2005, p. 56).

Diante do grande volume de material e do pequeno espaço cedido, imediatamente compreendemos que seria impossível levar todo o material. Com o apoio do caminhão da UEMG, através da então Pró-Reitora de Gestão e Finanças, transferimos parte do material para a referida salinha da FaE, em janeiro de 2006. A fragilidade das caixas de papelão, já deterioradas pelo tempo e pela chuva, fizeram com que muitas se desfizessem, dificultando a mudança e atrasando os trabalhos.

Aos poucos, a documentação foi sendo retirada das caixas de papelão e dos sacos plásticos, com o objetivo de fazer circular o ar e reduzir a umidade e o mofo. Foi feita uma primeira triagem para organizar o material e selecionar cinco amostras de cada documento em branco. Com a participação da primeira equipe de pesquisadores, foi elaborado um documento denominado "Termo de Sigilo e Responsabilidade", sob a orientação da equipe do Arquivo Público Mineiro. Citando a legislação vigente, o termo objetivou garantir o sigilo do material que possui um caráter confidencial. Até hoje, todo pesquisador e bolsista que tem contato com o material assina o referido termo e se compromete eticamente a cumprir a guarda do sigilo e das informações contidas nos documentos a que tiver acesso.

Ogden (2001) adverte sobre a armazenagem e o manuseio, que têm efeito na vida útil dos documentos, pois "a guarda sem cuidado ou a superlotação de espaços resultam rapidamente em danos às coleções. As embalagens de má qualidade igualmente aceleram a deterioração dos materiais, quando o objetivo seria protegê-los" (2001, p. 7). O autor ressalta a importância do cuidado com os fatores que danificam o papel: ambiente inadequado, acidez, efeitos físicos ou mecânicos (desgaste pelo contato ou atrito físico). Estudo e uma orientação especializada serão fundamentais como referência para planejar as ações, definir o uso de equipamentos obrigatórios de segurança; a técnica e ferramentas, bem como, a escolha do papel na confecção dos envelopes utilizados como invólucros dos documentos.

Após o período de transporte de parte do material, iniciou-se o processo de higienização, classificação, organização, indexação das informações contidas nos documentos no Banco de dados e armazenagem em caixas box.

A equipe de pesquisadores contou com o apoio institucional do Arquivo Público Mineiro (APM) no que se refere à parte metodológica. O diretor do Setor de Conservação do APM realizou uma inspeção no material e nas condições de armazenagem, orientando para o trabalho de higienização. Além disso, as Bolsistas de Iniciação Científica participaram do treinamento "Conservação de Documentos", com carga horária de 12 horas, no qual aprenderam sobre a importância do cuidado, manuseio e armazenagem de documentos históricos.

Os estudos realizados e as orientações recebidas serviram de referência para planejar as ações, definir o uso de equipamentos obrigatórios de segurança, a técnica e as ferramentas. Para implementação desse processo, estão sendo necessários os seguintes materiais: pacotes de papel alcalino 120 gramas, pH acima de 7,5; caixas box de poliuretano, luvas de látex descartáveis; máscaras cirúrgicas; trinchas e extratores de grampos.

Parte do material recolhido, na primeira metade do ano de 2006, foi higienizada. Cada folha recebia um tratamento de varredura, remoção de grampos, clipes, alfinetes, fitas adesivas e barbantes. Paralelamente, o material higienizado foi classificado, armazenado em caixa de polietileno azul e registrado no banco de dados, em sistema Access/2003.

Nas férias de janeiro de 2008, a Faculdade de Educação mudou-se para um prédio novo de 12 andares; entretanto, a Direção não reservou espaço para o material do SOSP. Através de negociações com a profa. Maria Helena Valadares, diretora do Campus UEMG, na época, conseguimos uma sala e um pequeno espaço, e o material foi transferido para o sexto andar da Faculdade de Políticas Públicas, que no momento ainda estava em reforma, sem elevador, por causa das águas da chuva. Após muitos dias de trabalho pesado, ajudados pela equipe de serviços gerais da UEMG, com muita dificuldade, o material finalmente foi guardado. Hoje, os documentos já se encontram armazenados no atual espaço SOSP e estão em processo de higienização e catalogação.

O lugar do pesquisador nos processos de investigação dos documentos históricos

Ao apontar conflitos e contradições da ciência, citando como exemplo o embate entre Ciências Sociais e Ciências da Natureza, Minayo (2008) discute uma série de questionamentos sobre a objetivação das ciências naturais aplicadas às sociais, questões sobre a demanda de um método baseado em princípios e não em procedimentos e acerca do conceito de cientificidade e de neutralidade da ciência social. Ao afirmar que o objeto das ciências sociais é histórico, a autora nos leva a algumas conclusões: (1) a ciência "possui consciência histórica", e todos, seres humanos, grupos e sociedades, dão significado a suas ações e construções; (2) o nível de consciência histórica das ciências sociais reflete o nível de consciência histórica da sociedade; (3) há identidade entre sujeito e objeto, ou seja, o investigador tem a mesma natureza do objeto investigado; (4) não há ciência neutra e, por fim; (5) o objeto é essencialmente qualitativo, mesmo sendo elaborado a partir de técnicas quantitativas.

Levando em conta esses questionamentos de Minayo (2008), observa-se que o conceito de metodologia de pesquisa muda, pois sua concepção de metodologia que inclui: a teoria da abordagem (o método), os instrumentos de operacionalização (as técnicas) e a criatividade do pesquisador (sua experiência, sua capacidade e sua sensibilidade). A autora afirma: "Na verdade, a metodologia é muito mais que técnicas. Ela inclui as concepções teóricas da abordagem, articulando-se com a teoria, com a realidade empírica e com os pensamentos sobre a realidade" (p. 15).

Da mesma forma, pensar a pesquisa e investigar a História requer o conhecimento de um método científico de trabalho – um conjunto de operações, técnicas, procedimentos e instrumentos, mas essa tarefa, porém, só é completa quando encontra o pesquisador, que, em sua experiência e sensibilidade, dá sustentação teórica para a análise crítica do documento, de forma a responder às indagações precedentes e formular novas questões de pesquisa.

Segundo Machado, Oliveira, Souza e Veiga (2002), "Cabe aos pesquisadores interpretar a história através das fontes, apropriando-se para isso de novos objetos e novas abordagens metodológicas que possibilitem um diálogo constante com o presente reiterando as experiências históricas passadas" (MACHADO, OLIVEIRA, SOUZA, VEIGA, 2002, p. 99).

Samara e Tupy (2007) buscam explicitar a relação existente entre o historiador e sua principal ferramenta de trabalho – o documento histórico. Ressaltam as mudanças ocorridas no "olhar" do pesquisador e na produção historiográfica ocorridas no Brasil. Nosso interesse, entretanto, registra-se no trabalho com o documento. As autoras problematizam o conceito de documento histórico, na atualidade, as discussões metodológicas sobre sua forma, conteúdo e classificações e, num segundo momento, a discussão realizada sobre a leitura crítica dos documentos, no sentido da compreensão do contexto social, cultural e material estudados numa perspectiva transdisciplinar.

Conforme as autoras, o "como fazer História" é produto de uma época determinada e de uma situação histórica peculiar:

> A História, porém, não era a única ciência a buscar uma explicação dos fatos sociais. Se outras áreas do conhecimento humano tinham o mesmo objeto de estudo, por que, então não ampliar as fronteiras de seu estudo? Daí a valorização à interdisciplinariedade e ao recurso aos métodos e técnicas de outras áreas que melhor permitem a apreensão do passado" (p. 17).

Apoiando-nos na intenção de "ampliar fronteiras" e na emergência de salvar os documentos do SOSP, aventuramo-nos num projeto de pensar de forma interdisciplinar a História, conforme preconizam Samara e Tupy (2007), e, durante um tempo longo de gestação, os documentos foram sendo higienizados, organizados, catalogados, indexados e arquivados.

O resgate de documentos históricos é um trabalho exaustivo e desafiante. O historiador, geralmente, encontra fragmentos do passado, pequenos ou grandes vestígios que necessitam ser coletados, organizados e interpretados. O documento, seja ele um texto ou uma imagem, passa por um longo processo antes de ser disponibilizado. "Os documentos constituem a matéria-prima, dados crus da historiografia, não história mesma. Tornam-se história por meio de análise e elucidação" (BROZEK, GUERRA, 1996, p. 11).

Entre identificar os documentos e torná-los disponíveis, há um longo caminho. Os documentos, segundo os autores, são "vestígios", "matéria-prima", "dados crus" que precisam ser coletados, organizados, fotografados e transcritos para, então, tornarem-se "história por meio de análise e elucidação".

A noção de documento aparece, por muitos séculos, ligada aos arquivos oficiais. Na evolução científica da História, particularmente com as discussões provocadas pela Escola dos Anais, a noção de documento abre-se para uma abordagem mais ampla, em que "tudo que é vestígio do passado, tudo o que serve de testemunho, é considerado como documento ou 'fonte'" (CELLARD, 2008, p. 296).

Cellard (2008, p. 299) revela uma História ressignificada nos documentos sobre o sistema de interdição e tutela dos loucos, no antigo regime Francês, conservados nos Arquivos Nacionais do Québec:

> Esses dossiês de uma imensa riqueza [...] contém, sobretudo, os depoimentos de pessoas próximas aos pretensos loucos, reportando seu comportamento, as reações provocadas pela sua "anormalidade", e assim por diante. Esses depoimentos de pessoas "comuns", que haviam sido fielmente registrados por um escrivão, permitem fazer uma análise muito acurada da situação vivida pelas famílias e pelos conhecidos dos "loucos", seja qual fosse seu nível de cultura (a maioria era iletrada), e durante um longo período. Assim, tivemos a surpresa de constatar, principalmente que os conhecidos dos alienados não haviam desempenhado um papel tão passivo no advento do manicêmio quanto nossos conhecimentos teóricos nos haviam até então levado a supor.

Lakatos e Marconi (2001) classificam como fontes documentais: arquivos públicos municipais, estaduais e nacionais que contenham documentos oficiais, publicações parlamentares, documentos jurídicos e iconografia; arquivos particulares oriundos de domicílios particulares, instituições privadas e instituições públicas específicas. Dentro destas, as instituições voltadas ao trabalho, trânsito, saúde, que atuam no alistamento militar, atividades eleitorais e outras.

Nessa classificação, era importante ser elucidado se os documentos seriam considerados fidedignos. Por se tratar de um serviço da administração pública, os documentos produzidos precisavam ser classificados em sua fidedignidade. Com relação aos tipos de documentos referentes às publicações administrativas, as publicações administrativas merecem ser investigadas com certo cuidado:

> [...] sua fidedignidade é menor do que a dos documentos oficiais e jurídicos e das publicações parlamentares. Mais do que registro acurado do que se disse e fez, visa a "imagem" da organização quando dirigida aos clientes e ao público em geral, e a "imagem" e filosofia do administrador, quando é de uso interno. É necessário um estudo do momento político interno e externo, em que os documentos foram elaborados, para compensar certos desvios (p. 181).

A constituição de um acervo documental em qualquer campo de conhecimento é uma atividade bastante complexa. Requer a preservação, a catalogação, a política de disponibilização de documentos e a consequente elaboração de projetos para a pesquisa documental. O acesso restrito aos documentos, o manuseio de papéis antigos e o esforço da busca dos elementos e categorias de análise fazem poucos adeptos entre pesquisadores e instituições.

A análise documental

A análise documental inicia-se, em uma primeira etapa, a partir de uma análise preliminar do documento. Escutar os pesquisadores é uma boa estratégia, pois o que eles advertem pode ser útil para não reproduzirmos dificuldades passíveis de serem superadas. Sobre o documento, Cellard (2008, p. 299) afirma:

> É preciso aceitá-lo tal como ele se apresenta, tão incompleto, parcial ou impreciso que seja. Torna-se, assim, essencial saber compor com algumas fontes documentais, mesmo as mais pobres, pois elas são geralmente as únicas que podem nos esclarecer, por pouco que seja, sobre uma situação determinada.

Após essa avaliação crítica do documento, então, inicia-se a análise preliminar do documento. Tendo como base as orientações de Cellard (2008), apresentamos as cinco dimensões a serem examinadas: (1) o contexto; (2) o(s) autor(es); (3) a autenticidade e a confiabilidade do texto; (4) a natureza do texto e; (5) os conceitos-chave e a lógica interna do texto.

A primeira dimensão é o contexto social e global – a conjuntura política, econômica, social e cultural em que esse documento foi produzido. Essa atenção ao contexto possibilitará perceber os esquemas conceituais, as particularidades da forma, da organização. A contextualização do documento é fundamental para não se correr o risco de o pesquisador interpretar o documento em função de seus valores atuais.

O Serviço de Orientação e Seleção Profissional (SOSP), no Estado de Minas Gerais foi constituído, no cenário científico-cultural de Belo Horizonte, entre 1949 a 1994, como produtor de conhecimentos e técnicas psicológicas de seleção profissional, além de órgão provedor dos recursos humanos em Psicologia e Pedagogia para orientação vocacional e educacional (CAMPOS, ROSA, 2005).

Orientada por um *Zeitgest,* que primava pela cientificidade, numa época em que as ideias modernistas, desenvolvimentistas e tecnicistas imperavam, a instituição SOSP fundamentou-se pela abordagem psicométrica, pautada, posteriormente, em ações de linha humanista.

Sob influência do modelo médico, as práticas de orientação e seleção profissional visavam à identificação e triagem dos profissionais candidatados. A partir de um perfil profissiográfico, em que eram discutidos o perfil do profissional e as habilidades necessárias para cada cargo, a "bateria de testes" era elaborada, e cada candidato passava não somente por provas específicas, mas testes de personalidade, de interesse e habilidades, além de provas psicomotoras. Os profissionais que apresentavam o perfil adequado eram encaminhados ao órgão solicitante como aptos a executar as tarefas prescritas.

Pautada por objetivos psicotécnicos, que possibilitaram a prática da Psicologia Experimental, o SOSP contribuiu para o avanço da Psicologia Aplicada, seja como ciência ou como profissão. A produção de tal conhecimento está situada num momento histórico preciso, como evidencia Mancebo (2004, p. 17):

> Os conhecimentos psicológicos, construídos estão embebidos no contexto temporal, cultural, espacial em que são criados, e se considera que as formações da subjetividade não podem ser compreendidas como desligadas da formação social na qual se constituem. [...] Em conseqüência, os conhecimentos alcançados são transitórios e destinados a serem superados, modificados e esquecidos, na medida em que deixem de responder às condições sócio-históricas que os favoreceram, exigiram e os fizeram florescer.

Mancebo (2004, p. 22) acrescenta: "Implica, igualmente, superar o entendimento de que as dinâmicas disciplinares são impelidas pelo motor interno das idéias, em favor de uma compreensão 'contextualizada' das idéias, do pensamento, das teorias". Assim, para se compreender as práticas psicológicas do SOSP ou de outros dados de pesquisa histórica, é fundamental não ter preconceito e estar aberto para receber os dados, sejam eles quais forem, pois essa produção entra num outro universo histórico que nos ultrapassa.

A segunda dimensão de Cellard (2008) consiste em elucidar a identidade do autor, identificar o autor ou autores do texto e os motivos pelos quais o escreveu. Em nome de quem, com que interesses, a partir de quais as razões e a quem está endereçado são pontos importantes a serem considerados.

Para a direção do SOSP, evidenciou-se a necessidade de um especialista de fora do Estado, tendo sido contratado o Dr. Sincha Jerzy

Schwarzstein, pesquisador diplomado pela Universidade de Genebra. O Dr. Sincha não ficou muito tempo no cargo, sendo substituído pelo prof. Dr. Pedro Parafita de Bessa, que convidou profissionais para formar sua equipe e esteve à frente da primeira equipe que realizava atividades de Psicologia Aplicada em Minas Gerais. Órgão vinculado ao Instituto de Educação de Minas Gerais (IEMG) e tendo suas dependências especialmente construídas para o serviço da Psicologia Aplicada, o SOSP contava com um quadro de pessoal habilitado e funcionava nos moldes do Instituto de Seleção e Orientação Profissional (ISOP), do Rio de Janeiro. Constituiu-se, por um longo período, no único órgão do Estado de Minas Gerais a oferecer serviços de Psicologia Aplicada voltados para orientação e seleção de pessoal.

O quadro de profissionais do SOSP era composto, em sua maioria, por psicólogos, pedagogos, fonoaudiólogos, assistentes sociais, bibliotecários, entre outros. Segundo as entrevistas realizadas com ex-funcionários da instituição, detecta-se que havia uma equipe que trabalhava de forma interdisciplinar, a partir de reuniões periódicas nas quais eram discutidos os diversos casos atendidos e as atividades desenvolvidas.

Na terceira dimensão, Cellard (2008) aconselha a rever a autenticidade e confiabilidade do texto. Segundo ele, é importante assegurar-se da informação verificando a procedência do documento, pois os erros de transmissão são comuns, principalmente, quando os documentos são ilegíveis.

O SOSP foi uma das instituições mais relevantes para o processo de emergência, autonomização e institucionalização da Psicologia no Brasil. Sua história começa em abril de 1949 quando, a convite do Governador Milton Campos e do Secretário da Educação prof. Abgar Renault, o prof. Emílio Mira Y Lopes, Diretor Técnico do Instituto de Seleção e Orientação Profissional (ISOP), veio do Rio de Janeiro para criar e organizar o serviço. Teve como objetivo principal "orientar vocações no meio escolar e estabelecer critérios para a seleção de pessoal destinado à administração pública e organizações particulares" (Minas Gerais, 1949).

Fundado no contexto histórico dos presidentes Getúlio Vargas e Juscelino Kubitschek, cuja ênfase econômica estava marcada pelo capitalismo dependente permeado pela ideologia desenvolvimentista e tecnicista, ligada aos processos de industrialização do país, o SOSP, desde sua criação em 1949, estava ligado ao governo estadual e tratava-se de uma instância oficial de poder. Estava, também, ligado a um projeto nacional, uma vez que a Psicologia foi instalada em vários serviços em todo o território nacional, por isso pode ser considerado também uma instância produtora de saber no campo da Psicologia, do Trabalho e da Educação. Sua equipe exerceu atividades ligadas à orientação e seleção profissional, vocacional e educacional, os materiais encontrados estavam bem acondicionados, classificados, indicando que havia uma organização institucional bem estruturada. Consta do acervo uma grande massa de processos de seleção (testes coletivos, provas de conhecimentos específicos, entre outros) e de laudos psicológicos individuais de orientação profissional, vocacional e educacional, pois o SOSP lidava com as queixas escolares e profissionais de trabalhadores e estudantes dos órgãos públicos estaduais.

Em 22 de setembro de 1994, pela Lei nº 11.539, art. 24 inciso IV, o Serviço de Orientação e Seleção Profissional, juntamente com a Escola Guignard, a FUMA e o Curso de Pedagogia do IEMG (CPIEMG) foram incorporados à Universidade do Estado de Minas Gerais e o SOSP, transformado em Centro de Psicologia Aplicada (CENPA). Revestido da integração com a Universidade, o CENPA buscou manter sua vocação original, apresentou uma proposta de estudos avançados e práticas inovadoras no campo da Psicologia e da Educação. Buscou constituir-se num laboratório para ensino, pesquisa e extensão, a partir do qual os conhecimentos elaborados na academia pudessem retornar à comunidade e a prestação de serviço não fosse apenas um fim em si mesmo (FRANCA, 1994).

A quarta dimensão considera a natureza do texto: dependendo do fato de se tratar um texto jurídico, médico, teológico, estará estruturado de forma diferente. A estrutura do texto pode, também, revelar a abertura dada pelo autor aos fatos escritos.

A princípio, o SOSP importou modelos de atendimento, técnicas de exame e de avaliação do comportamento de outros países. Aos poucos, sua equipe de profissionais construiu métodos e técnicas próprios de orientação vocacional e educacional, além de procedimentos ligados à seleção profissional de vários cargos do estado de Minas Gerais e de empresas privadas que contratavam o serviço especializado.

Os documentos originados do SOSP possuem uma grande diversidade, que muda de acordo com a finalidade do texto. No que se refere aos documentos de registro oficial, encontramos diversos tipos de encaminhamentos de pacientes ao serviço e deste para outras instituições. Quanto às provas, são em sua grande maioria datilografadas e impressas. Há também os laudos psicológicos cuja escrita é manual, sendo seu relatório final datilografado em várias cópias de carbono em papel de seda colorido.

A quinta e última dimensão de Celllard (2008) revela-se na preocupação pela significação dos termos, pois torna-se necessário delimitar o sentido dos conceitos, como no caso de certos "jargões" profissionais específicos, linguagens populares e gírias. Com atenção redobrada aos conceitos-chave presentes em um documento, é recomendado ao pesquisador avaliar a importância e o sentido de cada termo, segundo o contexto da época e o atual, além de examinar a lógica interna, o plano do texto e as principais argumentações, principalmente quando se trata de comparação entre vários documentos da mesma natureza.

A documentação está ainda sendo analisada na profundidade de seu texto, mas observa-se que, em geral, os documentos estão pautados numa linguagem psicológica produzida na segunda metade do século XX, a psicotécnica. Trata-se de termos científicos pautados numa classificação numérica estatística e na psicopatologia médica. No decorrer do tempo de sua produção, observa-se que os documentos são mais completos e detalhados, indicando a elaboração da produção do conhecimento realizada pela equipe do SOSP.

Consideradas essas cinco dimensões de Cellard (2008) – reunidos os elementos da problemática ou do quadro teórico, o contexto, autores, interesses, confiabilidade, natureza do texto e os conceitos-chave –, o pesquisador deve prosseguir no trabalho de análise do documento propriamente dito.

Antes da escola dos Anais, a abordagem positivista da História recomendava que as análises terminassem na síntese e interpretação dessa acumulação dos fatos históricos. Hoje, as análises procedem-se à desconstrução e reconstrução dos dados. Trata-se de descobrir, através de uma leitura repetitiva do texto, as combinações possíveis entre os diferentes fatos, os elementos estranhos ao contexto e a problemática investigada, que irão possibilitar uma interpretação plausível e coerente, de forma a construir configurações significativas, a chegar num processo de reconstrução do fato.

Ao discutir as vantagens e desvantagens da pesquisa documental, considera-se que esse tipo de pesquisa além de apresentar uma fonte rica e estável de dados, que subsistem ao longo do tempo, prescinde do contato com os sujeitos e é de baixo custo. Por outro lado, tem também limitações que se apresentam pela pouca representatividade e subjetividade do pesquisador (GIL, 2002).

Laville e Dione (1999, p. 167) questionam o tênue limite entre a coleta de dados e a análise que são etapas da pesquisa documental perpassadas pela subjetividade do pesquisador:

> Mas pouco importa sua forma, os documentos aportam informação diretamente: os dados estão lá, resta fazer sua triagem, criticá-los, isto é, julgar sua qualidade em função das necessidades da pesquisa, codificá-los ou categorizá-los... Onde, nesse caso, traçar o limite entre a coleta e a análise?

Os dados do SOSP estavam lá, esquecidos num galpão, sob uma lona preta empoeirada e foram trazidos à tona. São informações diretas e precisas, de uma riqueza incalculável para vários campos do saber científico, que precisavam ser codificadas, categorizadas. O volume de documentos não permitiu, a princípio, a criação de categorias de análise adequadas, as quais vão se consolidando com o tempo.

Implicações da subjetividade do pesquisador nos processos de seleção e análise documental

No que se refere à constituição e classificação dos conjuntos documentais, Castro (2005) reflete que a subjetividade do pesquisador implica necessariamente em processos seletivos dos documentos e o foco da pesquisa. Não se pode adotar uma visão naturalizada dos documentos segundo a qual a vida de uma instituição parece objetivada. Uma vez que ocorrem sempre intervenções sob uma lógica seletiva de circunstâncias e/ou pessoas, essa visão não pode ser considerada natural, pois nem sempre é consensual. Castro adverte que "é preciso que o pesquisador escape à sedutora 'concretude' dos arquivos e esteja atento à relatividade da organização atribuída pelo arquivista aos documentos que não pode ser dada como 'natural'" (p. 40).

Essa "concretude" dos arquivos não é imposta, é construída. Cellard (2008), ao ressaltar que a análise documental apresenta vantagens significativas, como eliminar a dimensão da influência, dificilmente mensurável, do pesquisador sobre o sujeito, admite também, que seu uso suscita algumas questões. Entre elas, o autor evidencia que o documento constitui um instrumento que o pesquisador não domina; que a informação circula em sentido único, uma vez que "embora tagarela, o documento permanece surdo, e o pesquisador não pode dele exigir precisões suplementares" (p. 296).

De fato, toda essa experiência em pesquisa documental revela um pesquisador que, ao realizar o levantamento de uma documentação histórica, nunca esteve totalmente seguro, conforme previa Wertheimer (1982, p. 5):

> [...] sua seleção para consideração é assunto idiossincrásico e subjetivo. Não há historiador imparcial. Mesmo que alguém tivesse muitas vidas e poderes infinitos de observação e de memória, ainda assim seria tarefa impossível fazer uma descrição completa e imparcial de todos os eventos ocorridos...

Por diversas vezes, a ignorância diante do fato histórico nos desafiava e, por mais que documentos e memórias das pessoas vivas que participaram daquele momento fossem resgatados, sempre algo de obscuro restava. Temos a certeza e a humildade de afirmar que, por mais que o trabalho de investigação histórica aconteça, não conseguiremos atingir a plenitude de toda a experiência vivida naquela instituição. Isso é óbvio, mas pode desanimar alguns. Para nós, pesquisadores, serve como desafio, nos faz estarmos mais atentos e conscientes dos nossos limites.

Depois, quando tudo está organizado, surgem outros obstáculos. Aqueles erigidos pelos outros pesquisadores que precisam localizar o texto pertinente e avaliar sua credibilidade, estudar o contexto em que o documento foi produzido e compreender adequadamente o sentido da mensagem e contentar-se com o dado. Essas são as premissas de quem implementa um acervo documental.

A disponibilização do Acervo SOSP, por ser um arquivo particular e confidencial, ainda não está prevista. Há um longo trabalho de higienização e catalogação de documentos ainda por ser feito. O acesso aos dados é restrito e será autorizado somente a pesquisadores credenciados por projetos financiados e autorizados por comitê de ética, sob assinatura de um termo de responsabilidade e sigilo do pesquisador responsável pela pesquisa proposta.

Considerações finais

Um trabalho de tal complexidade exige mais dos pesquisadores, da instituição, das agências de fomento e, mais precisamente, do poder público. Exige o compromisso ético da guarda do material; exige o compromisso moral de sigilo e confidencialidade; exige o compromisso acadêmico e científico de novas pesquisas documentais exploratórias; enfim, exige a persistência e a teimosia de quem quer aprender com os grandes mestres e com experiências inovadoras no passado e que construíram nossa história.

A aplicação de políticas comprometidas com essas questões, tanto no nível institucional como no nível mais amplo das políticas públicas, entretanto, tarda, especialmente no campo das ciências humanas. Como denuncia Peixoto (2001, p. 195): "Em Minas, os estudos até agora desenvolvidos evidenciam que muito da nossa história já se perdeu e que, em breve, já não será possível resgatar o conhecimento que vem sendo construído em nossas escolas".

Mársico (2002, p. 2) aponta que, entre os critérios necessários para a criação de um acervo documental, está a implantação de uma política de preservação, nos seguintes termos:

> Ao estabelecermos critérios para o tratamento de um acervo, estamos criando prioridades e implantando uma política de preservação, escalonando as atividades técnicas a serem desenvolvidas e dotando o local de guarda do acervo com as condições ambientais favoráveis à sua conservação. A partir deste recorte e das metas a serem atingidas, passamos à ação física de conservação preventiva, que nada mais é que a atualização prática das metas desta política de preservação. Neste instante toda a relação custo/benefício estará voltada para o acervo de modo integral, isto é, benefício partilhado por todos, custo dividido entre vários livros .

A palavra "acervo", do latim *acervu*, está definida em dicionários da língua portuguesa como um "conjunto de bens que constituem o patrimônio de uma instituição"; "Patrimônio"; "Riqueza". Ora, se constituir um acervo significa restituir a uma instituição seu patrimônio, sua riqueza, por que são tão raras e tão complexas as ações políticas de preservação documental? Além disso, muito conhecimento e práticas valiosas se perdem na memória das pessoas que se aposentam ou saem do trabalho. Por que não considerar esse conhecimento relevante para refletir as novas práticas no mundo do trabalho ou da escola?

A preservação do patrimônio histórico nacional e de seus bens culturais, principalmente aqueles produzidos pelas instituições públicas, ainda aguardam iniciativas de formação de Centros de Memórias institucionais, que tornem acessíveis dados, fontes e fundos documentais a pesquisadores e estudiosos, constituindo-se num espaço privilegiado de discussão e produção de conhecimento.

O relato dessa experiência científica pretende contribuir para clarear os entraves metodológicos e institucionais para a constituição de uma pesquisa que pretende ter, como produto final, um acervo documental. Trata-se de produzir certa indignação. Um grande percurso ainda por trilhar, muito ainda por fazer, pois, como afirma Massini, "a indagação histórica, a cada meta alcançada constitui-se num novo ponto de partida" (MASSINI, 2004, p. 8).

O fazer da pesquisa histórica traz elementos que nos permitem refletir a educação atual e contextualizada, na perspectiva da formação humana. O que temos feito com o passado? Para que nos serve e como fazer com que outros também dele se sirvam? Se existiam dispositivos como o SOSP, que continham as queixas escolares e profissionais naqueles anos, e esses dispositivos foram desativados, o que tem sido feito nas fábricas, nas indústrias e nas escolas para se lidar com as queixas escolares e profissionais na contemporaneidade? Cabe a nós esse desafio, no processo de construir, saber desconstruir para gerar o dado novo, aquele possível de mudança.

Referências

BLOCK, Marc. *Apologia da História ou o ofício de historiador*. Tradução André Teles. Rio de Janeiro: Jorge Zahar, 2002.

BOM MEIHY, José Carlos. *Manual de História Oral*. São Paulo: Loyola, 1996.

BROZEK, Josef; GUERRA, Erlaine. Que fazem os historiógrafos? Uma leitura de Josef Brozek. In: CAMPOS, Regina Helena de Freitas (Org.) *História da Psicologia: pesquisa, formação, ensino*. São Paulo: EDUC: ANPEP, 1996.

BURKE, Peter. *A Escola dos Annales (1939-1989): a revolução francesa da historiografia*. São Paulo: Cortez, 1991.

CAMPOS, Regina Helena. História da Psicologia e História da Educação – Conexões. In: FONSECA, Thaís. *História e Historiografia da Educação no Brasil*. Belo Horizonte: Autêntica, 2003, p. 129-158.

CAMPOS, Regina Célia; ROSA, Walquíria. *Serviço de orientação e Seleção Profissional – SOSP (1949-1994): uma história a ser contada*. Vertentes, São João Del-Rei, n. 25, p. 57-64, jan./jun. 2005.

CASTRO, Celso. A trajetória de um arquivo histórico a partir da documentação do Conselho de Fiscalização das expedições artísticas e científicas no Brasil. *Estudos Históricos*, Rio de Janeiro, n. 36, jul./dez. 2005.

CELLARD, André. A análise documental. In: POUPART, J.; DESLAURIERS, J.; GROULX, L.; LAPERRIÈRE, A.; MAYER, R.; PIRES, A. *A pesquisa qualitative: enfoques epistemológicos e metodológicos*. Tradução de Ana Cristina Nasser. Petrópolis: Vozes, 2008.

FARIA FILHO, Luciano Mendes de (Org.) *Arquivos, fontes e novas tecnologias: questões para a história da educação*. Campinas: Autores Associados; Bragança Paulista: Universidade São Francisco, 2000.

FARIA FILHO, Luciano Mendes de. *Dos Pardieiros aos Palácios: cultura escolar e urbana em Belo Horizonte na Primeira República*. Passo Fundo: UPF, 2000a.

FRANCA, Marlene *et al. Projeto de transformação do Serviço de Orientação e Seleção Profissional – SOSP em Centro de Psicologia Aplicada – CENPA e sua incorporação à Universidade do Estado de Minas Gerais*, jun. 1994. (Mimeo.)

GIL, Antônio Carlos. *Como elaborar projetos de pesquisa*. São Paulo: Atlas, 2002.

GOULART, Íris B. *Psicologia da Educação: fundamentos teóricos e aplicações à prática pedagógica*. 5. ed. Petrópolis: Vozes, 1995.

HEYMANN, Luciana. Os fazimentos do arquivo Darcy Ribeiro: memória, acervo e legado. *Estudos Históricos*, Rio de Janeiro, n. 26, p. 43-48, jul./dez. 2005.

LAKATOS, Eva Maria; MARCONI, Marina. *Fundamentos de metodologia científica*. São Paulo: Atlas, 2001.

LAVILLE, Christian; DIONE, Jean. *A construção do saber: manual de metodología da pesquisa em ciências humanas*. Porto Alegre: Artmed, 1999.

LE GOFF, Jacques. *A Nova história*. São Paulo: Martins Fontes, 1990.

MACHADO, Cláudia; OLIVEIRA, Rachel; SOUZA, Hozana; VEIGA, Cynthia. Guia de Fontes para a história social da educação em Minas Gerais nos oitocentos. In: LOPES, Ana; GONÇALVES, Irlem; FILHO, Luciano; XAVIER, Maria do Carmo. *História da Educação em Minas Gerais*. Belo Horizonte: FCH/FUMEC, 2002.

MANCEBO, Deise. História e Psicologia: um encontro necessário e suas "armadilhas". In: MASSIMI, Marina; GUEDES, Maria do Carmo (Orgs). *História da Psicologia no Brasil: novos estudos*. São Paulo: EDUC/Cortez, 2004, p. 11-26.

MARISCO, M. A. V. Noções básicas de conservação de livros e documentos. *Boletim Informativo da Rede Sirius*, Rio de Janeiro, v. 4, n. 35, 2002.

MASSIMI, Marina; GUEDES, Maria do Carmo (Orgs). *História da Psicologia no Brasil: novos estudos*. São Paulo: EDUC/Cortez, 2004.

MINAS GERAIS, Governo do Estado. *Lei nº 482*. Belo Horizonte: Minas Gerais/ Órgão oficial dos poderes do Estado, ano LV11, nº 252, 11 de novembro de 1949.

MINAYO, Maria Cecília. *Pesquisa Social: teoria, método e criatividade*. 25. ed. Petrópolis: Vozes, 2008.

MIGNOT, Ana Chrystina Venâncio; CUNHA, Maria Teresa Santos (Orgs.). *Práticas de memória docente*. São Paulo: Cortez, 2003.

OGDEN, Sherelyn. *Armazenagem e Manuseio*. 2. ed. Rio de Janeiro: Projeto de Conservação Preventiva em Bibliotecas e Arquivos, 2001. (Mimeo.)

PEIXOTO, Ana Maria Cassasanta. A memória em Minas Gerais: entre o descarte e a preservação. In: Sociedade Brasileira de História da Educação (Org.). *Educação no Brasil*. Campinas, São Paulo: Autores Associados, 2001, p.189-204. (Coleção Memória da Educação)

SOUZA, Cynthia Pereira de; CATANI, Denice Bárbara (Orgs.). *Práticas educativas, culturas escolares e profissão docente*. São Paulo: Escrituras, 1998.

WERTHEIMER, Michael. *Pequena História da Psicologia*. São Paulo: Companhia Editora Nacional, 1982.

Pesquisa histórica sobre educação e gênero: relato de uma trajetória

Magda Chamon

Um olhar sobre a temática

A feminização do magistério não é um fenômeno novo e tem se manifestado em todo o mundo ocidental. Entretanto, um balanço da Historiografia da Educação permite-nos afirmar que a abordagem dessa questão constitui um campo de pesquisa ainda recente tanto no Brasil, quanto em outros países. Além do mais, investigar a história das relações de gênero na educação é, também, uma forma de luta das mulheres para se fazerem ouvir escrevendo.

Investigar as razões históricas de como se deu o processo de construção do magistério como profissão feminina, no ensino primário, em Minas Gerais, entre os séculos XIX e XX, passou a ser um desafio de reflexão e investigação.

Fortes foram os motivos que nos levaram a refletir sobre a profissionalização do trabalho das mulheres como professoras. Por meio de suas histórias, aliás, "nossas histórias", pois, como professora da Faculdade de Educação da Universidade do Estado de Minas Gerais (lócus que agrega em sua quase totalidade estudantes do gênero feminino), fazemos parte de uma cena complexa, que espelha, significativamente, grande parcela da História da Educação de Minas Gerais.

A opção pela temática e pelo objeto de estudo justifica-se pela sua área de abrangência frente às demandas e necessidades sociais e históricas que precisam ser reconstruídas e ressignificadas sob o olhar dos paradigmas que envolvem as teorias da Educação e de outras áreas das Ciências Humanas. A necessidade de uma profunda articulação entre teoria e prática, quer pela epistemologia das ciências, quer pela investigação científica com foco na realidade viva e dinâmica, tem como fundamento a superação de vícios teóricos e práticos calcados em concepções de mundo sob os quais a ciência e, sobretudo, as atividades daqueles que a praticam vêm sendo contempladas.

Observações preliminares, permeadas pelo exercício de nossa prática docente em cursos de formação de profissionais da Educação, e por uma prática sindical, permitiu-nos observar a seguinte tendência: a categoria profissional dos professores da escola fundamental, em quase sua totalidade formada por mulheres, ainda costuma perceber o magistério como *vocação* feminina. No entanto, em época de reivindicações da categoria, quando presentes em conflitos e crises salariais, essas profissionais se sentem desvalorizadas e humilhadas pelo tratamento que seus empregadores lhes dispensam, tanto do setor público quanto do privado. Esse contingente de professoras assume posições contraditórias, expressando ora o desejo de abandonar o ofício, ora explicitando o desejo de exercê-lo sem um maior comprometimento profissional.

Tais observações nos conduziram a levantar certas questões iniciais: quais seriam os motivos do processo de feminização do magistério? Por que foi incorporada, por um grande contingente de mulheres, a associação entre magistério e vocação? Que aspectos da organização do processo de trabalho na sociedade capitalista poderiam estar vinculados à trajetória de feminização do magistério?

Puxando o fio da História

Tentar compreender as raízes desse processo forçou-nos a enveredar pela História, procurando desvendar significantes momentos do passado que pudessem contribuir para a explicação do processo de produção dessa categoria profissional. Pesquisar os dados sobre a composição do professorado em Minas no século XIX passou a ser um desafio, considerando, por um lado, que essa questão poderia contribuir para a reconstrução do processo histórico vivido pela categoria em termos de sua constituição social e de gênero.

Segundo Scott (1983-1990), a categoria gênero foi tomada de empréstimo da Gramática pelas Ciências Sociais como uma maneira de indicar construções sociais sobre os atributos culturais historicamente outorgados a homens e mulheres, ou seja, é uma maneira de referir-se às origens exclusivamente sociais das identidades subjetivas dos homens e mulheres.

Por outro, defrontávamo-nos com a grande dificuldade de acessar as fontes de pesquisa relativas ao século XIX que pudessem contribuir para a construção deste trabalho.

A observação dos avanços históricos e a necessidade de dar sustentação à importância de uma maior compreensão das fontes históricas sobre as relações de gênero e educação possibilitou-nos uma parcela de contribuição para a produção do conhecimento sobre a temática, contudo tentando não perder o foco de uma visão de totalidade do real. Reconhecemos, assim, a insuficiência dos saberes cindidos e simplificadores e nos propusemos a realizar uma busca de dados que propiciassem a interconexão entre os saberes em uma dimensão que ultrapassa os limites reducionistas da realidade sociocultural.

Os argumentos precedentes consolidam a necessidade de aprofundar conhecimentos sobre a relação entre gênero e Educação, não somente em sua dimensão instrumental, mas também em sua dimensão epistemológica. É sabido que a prática pedagógica reflete e materializa as relações sociais, e isso significa que uma dada concepção de mundo e de ciência está estreitamente vinculada aos métodos e processos de trabalho desenvolvidos no interior das instituições de ensino. Nesse sentido, a relação pedagógica e a concepção da institucionalização dos processos educativos não devem ser entendidos como uma relação unidirecional, mas dialógica e capaz de estimular a criação cultural, o desenvolvimento da atitude investigativa, do espírito científico e do pensamento reflexivo, que ultrapassem um certo modelo de cultura escolar reificada por valores socioculturais, ainda, presentes em nossa sociedade.

Por considerarmos importante o registro do pensar a pensar-se, como sujeito coletivo que participa da oportunidade de estar presente na cena da academia, é que decidimos investigar essa temática. Como tal, tínhamos a responsabilidade e a possibilidade, a partir de nossa trajetória particular, de participar da construção de uma reflexão coletiva, partindo de problematizações emergentes no processo e nas relações educativas. Pensamos que aquilo que nos aproxima da investigação de uma determinada temática não está, exclusivamente, nela, mas em nós mesmos. Esse fato apresenta um lado desafiador estimulante, mas solitário e singular.

Ao enveredarmos na busca de respostas a questões que estão impregnadas em nós próprios, verificamos que nem sempre é fácil desvencilharmo-nos dos caminhos mais tortuosos, ou mesmo da necessidade de abrirmos trilhas em percursos sinuosos, nos quais pegadas dos que nos antecederam estão semiapagadas pelo tempo. Contudo, esses desafios motivaram-nos a produzir este trabalho, a expor nossas ideias para que elas possam ser socializadas, contribuindo, dessa forma, para a produção do conhecimento na Universidade. Assim sendo, acreditamos que uma maneira de responder à "aparência" da 'naturalização' do magistério elementar como um campo de trabalho feminino é investigar a sua "essência", ou seja, investigar, criticamente, como esse processo se constituiu.

Temos consciência de que o conhecimento não é absoluto e de que o resultado de apreensão do real é sempre uma verdade aproximada. Além do mais, a própria realidade viva e dinâmica não se deixa apreender facilmente. A questão fundamental que se coloca, para nós, é em que medida o desvelamento de, pelo menos, parte da realidade – mesmo sabendo que o nosso olhar é um dos olhares possíveis – poderá contribuir para orientar, esclarecer ou iluminar aspectos da prática que se pretende transformadora.

Nas últimas décadas, pesquisadoras(es) têm, cada vez mais, se dedicado à pesquisa sobre as relações de gênero e Educação, realçando essas categorias e possibilitando novas formas de leitura da História da Educação. Mergulhando nas produções acumuladas sobre a temática, fui descobrindo que novas questões iam sendo integradas à agenda da história da educação, apontando questionamentos e buscando respostas para vários pontos importantes de análise, como: até que ponto o sistema formal de educação fora utilizado para reforçar os estereótipos entre os sexos; como essa estereotipia se dá nas diferentes classes sociais; que mensagens específicas quanto ao gênero as crianças recebem na escola, no lar e no contexto social sobre os seus futuros papéis como adultos; de que maneira o currículo explícito ou oculto é construído e utilizado para promover aqueles processos.

No Brasil, a investigação desse tema é ainda incipiente, embora o percentual de professoras na escola elementar se aproxime de 100%, fato esse que nos instigou a pesquisar a gênese do processo de feminização do magistério.

A utilização de uma abordagem interdisciplinar permite-nos investigar questões relacionadas aos processos de inserção e exclusão da mulher no mundo do trabalho; herança cultural; evolução socioeconômica; estruturação do poder político e suas influências na construção dos sistemas de educação e na formação e conformação de seus profissionais.

Se, no início, a linha de pesquisa restringiu-se à busca da trajetória da feminização do magistério em Minas Gerais, o rumo que as leituras realizadas tomavam e o contato com o material coletado impunha novos questionamentos à abordagem do objeto de estudo. Assim, o processo de investigação impunha-nos duas direções: numa, tentávamos aprofundar o estudo da configuração dos profissionais envolvidos na construção do magistério público elementar de Minas Gerais, a partir do século XIX e de sua constituição de classe e de gênero; noutra, percebíamos que essa especificidade relacionava-se com um movimento mais amplo, de abrangência ocidental, das relações do gênero e educação no processo de instituição e consolidação das formas de produção do mundo capitalista. Por conseguinte, chamou a nossa atenção a constituição do magistério elementar como uma profissão que, cada vez mais, vai assumindo a característica de profissão feminina em todo o mundo ocidental, apesar de suas indiscutíveis especificidades regionais.

Em decorrência do capitalismo industrial em expansão, e do processo de urbanização que o acompanhava, cabia à escola contribuir tanto na produção, quanto na reprodução do social, visando fortalecer e legitimar as práticas culturais urbanas que interessavam às elites dominantes. Foi, também, nesse período que as mulheres passaram a ser chamadas para cumprir a nobre missão de reprodutoras dos valores sociais. "Dóceis", "virtuosas" e "abnegadas", deveriam ser elas as profissionais responsáveis pelo trabalho de preparação de mentes e comportamentos para os interesses da pátria.

Com o intuito de compreender a gênese e as particularidades da feminização do magistério em Minas Gerais, foi necessário estabelecermos como marco inicial de nosso estudo a instauração do sistema de instrução pública mineira, no século XIX. O período eleito para a investigação teve início em 1834 – ano em que foi delegado, às províncias do Brasil-Império, o direito de regulamentar e promover o sistema de instrução pública em seus territórios. Tal período se estendeu até a chamada República Velha, período em que se deu a consolidação do magistério na escola fundamental como um trabalho feminino.

Procuramos, na abordagem desse período, empreender uma análise das relações de gênero e classe em seu fazer cotidiano no campo educativo, aí privilegiando a ação dos sujeitos, bem como as suas representações a respeito dessa ação, considerando os fatores socioeconômicos e superestruturais da produção e suas relações dialéticas. Dessa forma, a experiência dessa pesquisa reforçou-nos o entendimento de que a (con)formação da categoria profissional docente e de sua ética pedagógica passa, também, pela compreensão de seu universo cultural e ideológico historicamente construído.

A perspectiva de missão sagrada, de dignidade do ofício, de valorização da abnegação e do zelo só comparável às causas religiosas e patrióticas foi incorporada ao *ethos* da idealização da professora da escola elementar. Essa idealização, no entanto, não parece ser um fenômeno específico da sociedade brasileira, mas algo que passou a integrar o imaginário social em diferentes contextos culturais, a partir de determinados momentos históricos. Esse fato leva-nos a supor que tal idealização não ocorrera de forma gratuita, mas fora construída, historicamente, para cumprir funções políticas.

Debruçarmo-nos sobre livros e pesquisas, examinarmos um amplo campo de dados em busca de alternativas a respeito do tema "mulher-professora" tornou-se um desafio. Não era apenas o passado que nos atraía; era, também, o presente e sua realidade viva e dinâmica.

Aldrich (1991) coloca que a nova perspectiva de estudo da História da Educação, ligada à categoria gênero, exigiu fontes de informação até então negligenciadas. Desde que as mulheres têm sido constantemente excluídas dos arquivos oficiais, faz-se necessário utilizar de fontes privadas – autobiografias, diários, reminiscências, trabalhos literários, cartas pessoais – e, com respeito a épocas recentes, de relatos orais. Tais fontes utilizadas ao longo da pesquisa possibilitaram uma maior compreensão das dimensões privadas formais e informais da educação: nas relações patriarcais/parentais, nas associações, nas escolas e na sociedade em geral.

Um número significativo de trabalhos tem mostrado que as possibilidades de profissionalização da mulher, regra geral, têm estado em consonância com os papéis e atributos tradicionalmente designados ao gênero feminino, ou seja, aqueles papéis profissionais que são extensivos do trabalho doméstico – característicos do mundo privado.

Às mulheres tem sido atribuído o trabalho reprodutivo não só em nível biológico, mas, também, em nível social, como se fossem características estáticas, inerentes à "natureza" feminina. A respeito dessa questão, esclarece Bourdieu:

É através de um formidável trabalho coletivo de socialização difusa e contínua que as identidades distintas que o *nomos* cultural institui, encarando-se sob a forma de *habitus* claramente diferenciados, segundo o princípio de divisão dominante, e capazes de perceber o mundo segundo este princípio de divisão (Bourdieu, 1990, p. 13).

O poder de duração dos valores, comportamentos e hábitos incrustados nas mentalidades costuma ser longo, quando são ensinados através de um lento e tenaz processo de convencimento e persuasão. Muitas vezes, já se disse que a escola cumpre uma função de classe, como sistema social de produção de serviços, e que essa conotação de classe, no processo de ensino, é inseparável da função social da escola numa sociedade cindida por classes antagônicas.

Sabemos, também, das estreitas relações materiais entre Educação e Capitalismo, da expropriação do saber e da exploração salarial impostas pela forma de organização e fragmentação do trabalho àqueles que fazem a Educação. Mas isso não explica tudo, porque, ao lado dessa lógica, foi amalgamando-se, nas mentalidades, a ética do amor e da virtude como uma característica inerente ao fazer pedagógico.

O Capitalismo industrial iniciado no século XVIII, no mundo ocidental, reinventa as oficinas da modernidade e nesse contexto, a realidade passa por bruscas transformações. Altera-se inicialmente o perfil das famílias em função da necessidade de mão de obra para o mercado de trabalho. Institui-se o salário de apenas um provedor para a família. Refaz-se a hierarquia das profissões, agregando-se maior valor àquelas que melhor atendiam às demandas do Capitalismo industrializado. Nesse contexto, o magistério deixa de ter o prestígio de outrora e, de forma gradativa, as mulheres vão sendo chamadas para substituir os homens na "nobre" missão de educar, ou melhor, de moralizar os filhos dos trabalhadores para que melhor atendessem as demandas do Capitalismo industrial em expansão. Essa mudança, no entanto, não se dá no campo puramente biológico. Ela se inscreve no campo do simbólico.

Em sua obra *18 Brumário*, Marx (1951), analisando um fato concreto, histórico, mostra como a ideologia constrói-se como um processo dinâmico que, a um tempo, significa a expressão e a compreensão do real, constituindo um registro próprio: o mundo do imaginário.

É bem verdade que não podemos separar o processo das relações de classe e gênero em dois momentos estanques como se no primeiro se desse a construção do econômico e só, posteriormente, a construção da subjetividade. Acreditamos que a organização social, a produção das ideias e mentalidades, de valores, representações e símbolos sociais, enfim, que a produção cultural ocorre concomitantemente, e como parte constitutiva, à atividade econômica, numa relação dialética.

Fundamentadas nessas análises, procuramos levantar evidências que favorecessem a compreensão dos possíveis elementos estruturantes da identidade profissional das professoras da escola fundamental e dos possíveis apelos e práticas sociais que contribuíram para essa estruturação e suas influências na feminização do magistério no sistema de instrução pública no Brasil.

Como esclarecem Bruschini e Amado (1988), os estudos que analisam as questões educacionais do país, de modo geral, tratam a questão da profissionalização do magistério como algo neutro, do ponto de vista do gênero, sem levar em conta os múltiplos aspectos que devem ser considerados para explicar este fato concreto – o alto percentual do contingente feminino do corpo docente, nas quatro primeiras séries do ensino fundamental. Por outro lado, os estudos sobre a mulher têm, cada vez mais, ampliado seu leque de interesses sem, contudo, deter-se em maiores detalhes sobre o tema da Educação. Além disso, os estudos relativos à mulher só recentemente começaram a gerar instrumentos teóricos e metodológicos para lidar, simultaneamente, com classe e gênero.

Pareceu-nos oportuno ampliar as perspectivas do trabalho historiográfico sobre as relações de gênero, cuja importância, no campo da Educação, é evidente. A compreensão dessas relações possibilita o avanço do conhecimento do processo educativo, ao considerarmos que a integração dessas duas categorias do conhecimento – Educação e Gênero – poderá apresentar consequências positivas para a atuação profissional da mulher.

Retomar, pois, a dimensão histórica da feminização da profissão docente na escola elementar não significa, apenas, preencher uma lacuna da história social da Educação. É mais do que isso. A produção historiográfica tem, também, a função pedagógica de contribuir para a descoberta e compreensão das políticas educacionais e da função política da escola, propiciando a mudança de certos pensamentos e conceitos tão cristalizados nas mentalidades sobre os papéis e atributos tradicionalmente designados ao gênero feminino. Desse modo, nosso objeto de estudo reveste-se de problemáticas múltiplas, permitindo que seja tratado tanto numa dimensão macro, ou seja, numa perspectiva de análise mais global, quanto numa mais particularizada do período histórico estudado.

Importante, portanto, é resgatarmos não só os projetos, as propostas contidas no ideário das políticas públicas com seus múltiplos apelos sociais e chamamentos da mulher para o trabalho da instrução pública elementar, mas também os sonhos, as práticas e as intenções das próprias jovens, já que a construção do gênero não se realiza apenas por um processo de imposição unilateral, mas através da interação entre diferentes aspectos.

Entretanto, a figura da mulher não costuma ter destaque na história da política social e educacional nem nos arquivos públicos oficiais. Encontramo-la, apenas, nas entrelinhas das fontes de pesquisa. Resgatar, pois, a "mulher-professora" e as relações de gênero e de classe social do passado, categorias importantes na reconstrução de um quadro de referência do magistério, foi nosso propósito.

A partir do momento em que ficou configurado, para nós, o objeto de estudo a ser investigado, começamos um longo caminho de buscas, de descobertas, de suspeitas e de decisões. As respostas às várias questões colocadas no decorrer desse trabalho poderiam ser, parcialmente, obtidas através de informações de mestras envolvidas na trama. Para tal, movimentamo-nos entre um número significativo de dados e de vozes no transcorrer da pesquisa. O uso de autobiografias e diários não somente permitiu o conhecimento de dilemas políticos e ideológicos vividos por algumas mulheres, assim como possibilitou destacar o importante reconhecimento de diferentes tipos de narrativas e a percepção da história feminina escrita pelas próprias mulheres. Decidimos, inicialmente, que uma parte dos dados primários seria, também, coletada através de entrevistas com ex-professoras da escola fundamental que teriam atuado na Primeira República. Os depoimentos dessas mestras, em diferentes momentos históricos, foram coletados sob forma de entrevistas gravadas e, posteriormente, transcritos para serem analisados. Tais fontes foram trabalhadas, no sentido de se perceberem os elementos comuns, permeados na diversidade de valores e percepções das entrevistadas. Na seleção dos sujeitos procuramos, na medida do possível, representantes de diferentes décadas do estudo. Contudo, percebemos que isso apenas não era suficiente.

Em busca de dados desconhecidos

Precisávamos retroceder no tempo. Optamos, assim, por investigar, no Arquivo Público Mineiro que tipos de registro poderiam ser encontrados sobre os primeiros professores públicos da Província de Minas Gerais.

Passamos, pois, a frequentar diariamente, por mais de seis meses, o Arquivo Público Mineiro, tentando levantar dados que possibilitassem tal abordagem. Antigos livros de registro passaram a ser tenazmente perseguidos. Por exemplo, no "Índice Instrução Pública" consultamos tópicos que pudessem nos remeter ao século XIX, que estivessem correlacionados com a constituição do ensino público fundamental nas Minas Gerais. Mas, sobretudo, interessava-nos saber quem eram os professores das escolas naquele período histórico. Seriam eles predominantemente homens ou mulheres?

Depois de sucessivas leituras de documentos, qual não foi a nossa surpresa, ao nos depararmos com antigos livros de registros, datados a partir de 1834, contendo os atos de nomeação dos primeiros professores públicos de Minas Gerais. Foram meses e meses de consultas a vários outros livros. Um trabalho repetitivo (copiar o nome de cada professor(a), data da contratação, local – arraial, freguesia ou cidade – e sexo), mas prazeroso. A cada dia, uma nova surpresa. Observamos que, nos primórdios da organização do sistema de instrução pública mineiro, raramente aparecia uma mulher designada para trabalhar no ensino das primeiras letras. E nós nos perguntávamos: qual será o motivo desse número insignificante de mulheres nos livros de "posse" do Arquivo Público?

Continuamos investigando e compilando esses dados até o início do século XX – mais precisamente até 1917. Livros e livros de registro de professores mineiros, das diferentes regiões das Minas Gerais, foram sendo descobertos.[1] Foram 4.503 casos compilados. Nesse longo percurso, o panorama foi se alterando e muitas mulheres começaram a entrar em cena a partir das últimas décadas do século XIX. Para exemplificar essa

---

[1] Ficamos impossibilitados de fazer um mapeamento detalhado das regiões mineiras concernentes a esses registros, pelo fato de muitos locais (pequenas vilas, arraiais e freguesias) não existirem mais com a mesma denominação como no caso de Córregos, Freguesia do Morro de Gaspar Soares, São Francisco do Caraúna, N. Sra. do Rosário de Cocais, Freguesia de Água Suja, Distrito de Socorro, Distrito do Morro da Água Quente, Rio do Peixe, etc. Apesar das tentativas, não nos foi possível encontrar um mapa da Província de Minas, no Arquivo Mineiro, em que estivessem contidas essas pequenas vilas, para compará-lo com um mapa do estado mais recente.

questão, na década de 30 do século XIX foram encontradas apenas 15 mulheres nos livros de matrícula pesquisados, enquanto que, na década de 80, o número de mulheres encontradas nos livros pesquisados foi de 257, sendo que em 1900 o número de matrículas já totalizava 518 professoras registradas nos livros de matrícula da Secretaria do Interior do Estado de Minas Gerais.[2] Poderíamos, naquele momento, apenas fazer indagações. E as perguntas acumulavam-se. Foram pesquisados, também no Arquivo Público Mineiro: leis, decretos, ofícios, requerimentos, portarias do governo, discursos de parlamentares e do poder executivo, relatórios dos inspetores de instrução pública e de professores(as).

Outro resultado interessante foi a descoberta do valor dessas fontes de documentação, ainda pouco conhecidas, que se encontram no Arquivo Público Mineiro. Em meio a esse acervo encontramos outros importantes documentos como cartas e ofícios de professores(as), reivindicando melhores condições de trabalho, fazendo queixas e denunciando suas condições como "vítimas" de perseguições políticas por parte dos inspetores ou chefes políticos das regiões mineiras.

Esses dados foram trabalhados com o intuito de compreender quando e como se deram os caminhos da construção histórica da feminização do magistério na escola fundamental.

Visitamos, também, outras bibliotecas como a biblioteca Pública do Estado e a biblioteca do Instituto de Educação de Minas Gerais. Encontramos a obra rara de Primitivo Moacyr, editada em 1939, que traz relatórios oficiais sobre a educação nas províncias brasileiras e, em especial, para nós, na Província de Minas Gerais, permitindo conhecer a forma como os representantes do poder público percebiam e tratavam o sistema de educação pública em construção.

Foi-nos possível conhecer, também, mais de perto, homens e mulheres que participaram da construção cotidiana da educação pública mineira no período investigado e que, de uma forma ou de outra, deram visibilidade às relações de gênero presentes nesse processo.

Nessa perspectiva, as fontes documentais escritas como autobiografias, relatórios, ofícios, cartas, livros de registro de diploma de normalistas,

---

[2] O mapeamento do número de matrículas de professores da Instrução Primária Pública, por sexo, em Minas Gerais, constitui uma parte da coleta de dados documentais de fonte primária pesquisados no Arquivo Público de Minas Gerais. Cf. CHAMON, 2005, p. 106.

discursos de paraninfos e a compilação de dados sobre a composição do professorado mineiro, por sexo, entre os séculos XIX e XX, entre outros, passaram a constituir-se para nós como uma forma de expressão de sujeitos, que participaram do processo de construção do cotidiano escolar, bem como do processo relacional de conformação de identidades pessoais e profissionais. Como dissemos anteriormente, consideramos, também, de importância fundamental, as fontes orais (entrevistas com sete professoras nascidas entre 1906 e 1920).

Tentamos, ao longo da pesquisa e na produção do texto,[3] ficar atentos à afirmação que nos faz Scott:

> [...] os historiadores devem antes de tudo examinar as maneiras pelas quais as identidades de gênero são realmente construídas e relacionar seus achados com toda uma série de atividades, de organização e representações sociais historicamente situadas (1990, p. 15).

A esse respeito, destacamos que, por questões econômicas e sociais inerentes às estratégias do capitalismo industrial, os sistemas compulsórios de educação de massa, sob a tutela do Estado, foram implantados definitivamente na Europa, a partir do século XIX. Os defensores clássicos da economia burguesa, tais como Adam Smith e Thomas Malthus, sustentavam a tese da necessidade de diferentes formas de educação para as diferentes classes sociais. Assim, na Europa, mais especificamente na Inglaterra, foi atribuída às mulheres dos estratos mais privilegiados da sociedade a tarefa de desenvolverem uma "missão civilizatória", junto aos filhos da classe trabalhadora. A escola para o povo era um dos espaços a serem ocupados por essas mulheres que deveriam se responsabilizar de forma significativa no amplo movimento de moralização das crianças pertencentes aos estratos menos privilegiados das classes trabalhadoras.

As práticas sociais revitalizadoras da ideologia patriarcal, dessa forma, ampliam-se para a esfera da economia e para outros tipos de relações sociais. O trabalho de reprodução dos valores da ideologia patriarcal e da lógica capitalista é reforçado e passa a ser uma tarefa demarcada que as mulheres deveriam desempenhar no espaço público. A esses princípios aderiria, também, a esfera das políticas públicas, ou seja, o Estado.

---

[3] Esse trabalho está referenciado no livro de CHAMON (2005).

Faz-se importante destacar que a Primeira República, instaurada em 1889, é um período importante para a compreensão do processo de expansão do sistema de instrução pública no Brasil. Como recorrência, esse período é relevante também para a compreensão do papel que as mulheres passaram a desempenhar na construção desse processo.

Instalados no poder, os republicanos necessitavam organizá-lo e fazê-lo funcionar com urgência. Uma das prioridades instituídas pelo novo regime foi a necessidade social da escola. Assim, o discurso sobre a necessidade da educação popular adquiriu ênfase política como nunca no País. Ela foi considerada, nesse período, condição imprescindível para a cidadania, meio necessário para a consolidação da nova ordem social.

O encorajamento à participação da mulher apelava para seu humanitarismo sentimental e para os impulsos do coração. A contribuição esperada da mulher pelos ideais republicanos sugeria que seu trabalho se caracterizasse como filantrópico e que seu nível de atuação fosse o de afetuosa colaboradora na consecução dos ideais nacionais.

É nesse quadro de ordenamento e controle social que se destaca a importância da compreensão das alocações propostas às mulheres. Destacam-se, também, os apelos que os republicanos passaram a fazer à indispensável ação civilizatória das mulheres, o que contribuiria para a "regeneração da nação". Os argumentos em torno dos valores morais femininos, de sua sensibilidade, pureza espiritual, bondade e abnegação vinham se disseminando em todo o mundo ocidental, em meados do século XIX, e também no Brasil, fato esse que se estende à contemporaneidade.

À guisa de conclusão

O desenvolvimento desta pesquisa implicou a relevância da reflexão epistemológica, da qual procuramos nos alimentar durante o processo de investigação, levando em conta tanto a subjetividade da pesquisadora, quanto as relações concretas com o objeto pesquisado. Além do mais, isso implicou, também, uma versão de eventos, compartilhada por diversos participante, sintetizadora das diferentes versões da história existente, ainda não relatadas. Assim, uma melhor compreensão das conexões históricas entre as relações de gênero e Educação levou-nos a pesquisar pistas reveladores dessa questão. Várias leituras sobre a história reescrita por feministas foram realizadas. Elas possibilitaram-nos conhecimento mais amplo das condições concretas da história da socialização das mulheres, no mundo ocidental, bem como de suas resistências face à subordinação cultural, econômica, social e política. Enveredamos, também, pelo maior aprofundamento da História da Educação Brasileira, com o intuito de investigar as inter-relações entre as categorias de análise com as quais procuramos dialogar no decorrer do processo de investigação e interpretação dos dados.

A apreensão de certos acontecimentos, como suporte para o desenvolvimento deste trabalho, possibilitou-nos certa interpretação da realidade. A opção por outras fontes de pesquisa, provavelmente, conduzir-nos-iam a outras formas de desvelamento da realidade. Abarcar toda a realidade, como dissemos anteriormente, é tarefa impossível. Apesar das limitações inerentes à investigação realizada, este trabalho de pesquisa representa o nosso esforço em desvelar uma parcela da realidade e produzir um texto que contribua para o estudo da História da Educação. Não poderíamos deixar de destacar, também, que o "olhar" relativizador permite ao pesquisador, sob a ótica da "Nova História", questionar os valores, os conhecimentos, os códigos dominantes e as atitudes etnocêntricas, contribuindo para a desconstrução de estereótipos e percepções homogeneizadoras.

É bom ressaltar, portanto, que as diferentes concepções e práticas subsumidas na dialética objetividade x participação inscrita no processo de investigação de cunho quantitativo/qualitativo não conduzem a respostas exclusivas, podendo expressar conotações distintas, seja para a produção do conhecimento, seja para as implicações políticas da investigação, o que pode ocasionar a expressão de relações sociais diversas. A democratização do saber é objeto de construções históricas e sociais. Ocorre em diferentes espaços e tempos. Recorrentemente, não devem ser tratadas em "si", de forma abstrata e atemporal, mas em suas devidas relações a partir de um contexto social, histórico, econômico e político.

Não tivemos a pretensão de que este trabalho tivesse a característica de uma pesquisa capaz de dar resposta a todos os questionamentos levantados, pois, com certeza, houve lapsos e obstáculos no seu desenvolvimento que limitaram a sua realização. Para finalizar, ressalto a importância da prática do retorno e da divulgação da pesquisa realizada, o que possibilita novas abordagens e recortes epistemológicos de novas investigações, que poderão ampliar a construção do conhecimento sobre essa temática. Nesse sentido, os estudos dos papéis das relações de gênero e Educação, tanto do passado como do presente, poderão contribuir para uma melhor compreensão política da sociedade em que vivemos. Tais estudos poderão propiciar aos profissionais da Educação uma reflexão e uma possível alteração de seus papéis e de um processo de trabalho menos estratificado e opressor.

Referências

ALDRICH, Richard. Questões de Gênero na História da Educação da Inglaterra. *Educação em Revista*, Belo Horizonte, n. 13, p. 47-54, jun. 1991.

BOURDIEU, Pierre. La Domination Masculine. *Actes de La Recherche em Sciences Sociales*, Paris, n. 84, p. 5-31, sep. 1990.

BRUSCHINI, M. Cristina; AMADO, Tina. Estudos sobre Mulher e Educação: algumas questões sobre o Magistério. *Caderno de Pesquisa*, São Paulo, n. 64, p. 4-13, fev. 1988.

CHAMON, Magda L. *Trajetória de feminização do magistério ambigüidades e conflitos.* Belo Horizonte: Autêntica, 2005.

MARX, Karl. *The 18th Brumaire of Louis Bonapart.* ch. 1. Moscow, 1951.

SCOTT, Joan. Uma categoria útil de análise histórica. *Educação e Realidade*, Porto Alegre, v. 16, n. 2, p. 5-22, jul/dez. 1990.

SCOTT, Joan. Les discours de l'économie politique française sur les ouvriéres (1840-1860). *Actes de la recherche en sciences sociales.* Paris, n. 83, p. 2-15, juin. 1990.

Os arquivos escolares: desafios e perspectivas de pesquisa para a História da Educação

Ana Amélia Borges de Magalhães Lopes

Durante um longo período de sua própria história, a História da Educação permaneceu sob a influência de seu surgimento como uma das disciplinas dos cursos de formação de professores, no final do século XIX. Essa ligação transformou-a em peça indispensável da cultura pedagógica, mais preocupada em *dar lições*, ensinar aos futuros mestres a solucionar os problemas que iriam enfrentar na sua prática, da mesma maneira que a Filosofia da Educação, à qual estava atrelada. O fato de ter surgido vinculada às instituições voltadas para a formação de professores retardou a sua constituição como área de pesquisa (CARVALHO, 1998). As principais mudanças em seu campo de estudos surgiram a partir dos anos de 1970, quando a História da Educação passa a dialogar com diferentes perspectivas teóricas, diversificando seu campo de investigação e utilizando novas fontes documentais. Nos últimos vinte anos, sob a influência da História Cultural, a investigação historiográfica da Educação tem se dirigido para a cultura escolar como objeto de estudo e campo de pesquisa.

Esse interesse pelo estudo da cultura escolar, pelo cotidiano das instituições educativas, tem crescido tanto entre aqueles que se dedicam ao estudo do presente, da realidade das escolas hoje, quanto entre os que se ocupam da pesquisa histórica. Para estes, os arquivos escolares oferecem diferentes possibilidades de investigação, tanto administrativas quanto pedagógicas. Mas, apesar de sua importância, ainda não existe uma política de preservação desses arquivos. Segundo Medeiros (s/d, p. 2) em função do conceito legal de arquivo,[1]

---

[1] "Conjunto de documentos produzidos ou recebidos por órgãos públicos, instituições de caráter público e entidades privadas, em decorrência do exercício de atividades específicas, bem como pessoa física, qualquer que seja o suporte ou a natureza dos documentos" (MEDEIROS, s/d, p. 1).

> [...] o arquivo escolar será um conjunto de documentos produzidos ou recebidos pelas escolas públicas ou privadas, em decorrência do exercício de suas atividades específicas, qualquer que seja o suporte da informação ou a natureza dos documentos.

Alguns desses documentos são oficiais e devem ser obrigatoriamente preservados, tais como diários de classe, histórico escolar, transferências, principalmente esses que dizem respeito à vida dos estudantes. Documentos constituintes da escrita cotidiana das escolas como relatórios, atas de reuniões, cópias de correspondências expedidas, apesar de seu valor informativo ou significado para o conhecimento da história educacional, não estão sob a proteção legal e são destruídos ao longo do tempo, pela falta de informação dos gestores das escolas e pelo descaso do poder público. Entretanto, nos últimos anos, os centros de memória da educação brasileira, pesquisadores e professores têm se mobilizado organizando seminários, debates e também

> [...] lançando mão de exposições colocando em evidência os seus acervos o que contribui para a divulgação da importância dos documentos escolares para a produção do conhecimento científico [...] promover a visibilidade das escritas ordinárias, contribuir para a noção de documento histórico e divulgar as iniciativas de salvaguarda e conservação destas escritas (MIGNOT, 2003, p. 5).

Iniciativas como essas têm contribuído para dar visibilidade às escritas cotidianas e à necessidade de preservação dos acervos existentes nas escolas – que, com frequência, são organizados de forma casual, submetidos a acomodações provisórias e expostos à ação do tempo.

A renovação na História da Educação e a cultura escolar como campo de pesquisa

Nos últimos anos, como mencionei, os estudos da História da Educação têm passado por um processo de renovação constante. Já não se estuda apenas as reformas escolares ou o pensamento dos grandes pedagogos, ideias que, supostamente, teriam decidido o que e como ensinar. Já não existe a crença de que a História da Pedagogia tenha o poder de ensinar os educadores a refletir sobre os fins da Educação, capacitando-os a agir no presente e construir o futuro. Nessa antiga perspectiva historiográfica, predominava a ideia de que o objetivo da disciplina seria ajudar os futuros mestres a "compreender o presente e intervir no futuro através do estudo do passado, não cometendo os mesmos erros dos antepassados", tornando-os conscientes dos problemas educacionais (LOPES, GALVÃO, 2001, p. 29).

Para Carvalho e Warde, quando a ênfase na história das idéias pedagógicas perde sua força, persiste a crença nas possibilidades formativas da disciplina, da qual se passa, então, a esperar a elaboração de grandes sínteses contextualizadoras das ideias e iniciativas educacionais, visando tornar docentes e pedagogos conscientes dos problemas educacionais (2000, p. 11). Outra dificuldade enfrentada pela disciplina, também relacionada à sua origem, é que, apesar de sua importância para compreender o passado das sociedades, a disciplina não se desenvolveu como uma área da História.

As principais mudanças na Historiografia da educação tiveram início na década de 1970, foram um fenômeno mundial (MAGALHÃES, 1998) e a sua origem está relacionada ao interesse historiográfico contemporâneo por questões culturais. Como observam Nunes e Carvalho (1993), essas transformações estão relacionadas "a dois paradigmas de explicação historiográfica, dominantes nos anos 60: o marxismo e a Escola dos Annales" (p. 38). Na tradição marxista, as autoras mencionadas citam a influência do trabalho de E. P. Thompson, especialmente na obra *A formação da classe operária inglesa*, pelo interesse historiográfico por questões culturais (p. 39). Mas é principalmente a chamada Escola dos Annales, as *questões, perspectivas de abordagem e campos de estudo por ela descortinados* que explicam o crescente interesse pela História da Cultura (p. 39).

No Brasil foi também na década de 1970 que as principais transformações têm início, quando os cursos de pós-graduação são institucionalizados. O interesse pela História da Educação cresce e tem início importante interlocução com outras disciplinas como a Sociologia e a Antropologia. Começam a surgir as primeiras pesquisas em História da Educação, ainda que de forma incipiente. A partir do final dos anos 80, surge a preocupação de retorno às fontes primárias e a disciplina inicia um diálogo com a produção historiográfica contemporânea, reconfigurando os objetos de investigação sobre Educação e ampliando a concepção de fontes (CARVALHO, WARDE, 2000; FARIA FILHO, 2002).

As mudanças ocorridas foram fundamentais para que a História da Educação se voltasse para a investigação de novos sujeitos e práticas, novos objetos de pesquisa e diferentes formas de abordá-los, desviando o foco da análise das estruturas para as práticas, voltando o seu olhar para a organização e o funcionamento interno das escolas, a construção do conhecimento, a imprensa pedagógica, o cotidiano e a cultura escolar. Daí a importância da preservação dos arquivos escolares como depositários de valiosas fontes de pesquisa para o estudo do cotidiano, da cultura escolar.

A escrita cotidiana como fonte documental: algumas reflexões

Até recentemente essas escritas eram pouco valorizadas como documentos históricos. Feitas para não serem publicadas, as chamadas escritas ordinárias ou vulgares, segundo Viñao Frago (2001), são aquelas associadas

> [...] à rotina das atividades quotidianas ou a demonstrações de competência escrita [...] produto de práticas difusas e diversificadas, irredutíveis a um conjunto de indicadores, estas escritas não são incluídas nos inquéritos sobre práticas culturais (p. 44).

Considerando as funções, usos e contextos em que são produzidas, esse autor faz uma classificação dos diferentes tipos de escrita na qual considera como escrita ordinária os documentos produzidos nas escolas, tais como, cadernos de alunos, planejamento de professores, atas de reuniões, anotações feitas pela direção da escola, cópias de correspondências enviadas, livros-caixa e também registros que são feitos por dever de ofício, como as visitas dos inspetores às escolas. Os documentos encontrados nos arquivos escolares são, portanto, escritas ordinárias.[2] Só nos últimos anos antropólogos, sociólogos, estudiosos da linguagem e historiadores, incluindo os da Educação, passaram a olhá-las como importantes fontes de pesquisa, não se ocupando apenas dos textos oficiais.

As tradicionais abordagens históricas da escrita eram a Paleografia, ciência das escrituras antigas, e o estudo da própria história e tipologia das diferentes escritas (Viñao Frago, 2001). A Paleografia nasceu como uma disciplina auxiliar da História e tinha como objetivo ler e decifrar os textos, traduzindo os signos dos documentos antigos. Ocupava-se apenas daqueles textos feitos sobre um suporte leve (Burguière, 1996)[3]

---

[2] Na classificação mencionada, o autor chama de escritas escolares exclusivamente aquelas voltadas para a aprendizagem da leitura e da escrita, mas que poderiam também ser consideradas escritas ordinárias.

[3] As inscrições gravadas sobre um suporte não perecível, como a pedra, o metal, o marfim, etc. são objeto de estudo da Epigrafia; inscrições em suportes menores como moedas e sinetes são domínio da Numismática e Sigilografia, respectivamente (BURGUIÈRE, 1996).

e, exclusivamente, dos escritos oficiais – do poder político ou religioso – não se interessando pelos textos ligados à vida cotidiana.

Apesar de exigirem uma grande competência daqueles que se dedicavam a esses estudos, nenhuma dessas duas abordagens interessava-se pela compreensão social dos textos, isto é, o que significavam para as culturas que os utilizavam, seus usos e significados. Ao contrário do que ocorre hoje, quando já não se concebe mais o estudo da escrita desvinculada da sociedade que a produziu, como se fosse um sistema independente de signos.

Há aproximadamente 30 anos, sob a influência da Antropologia e da Sociologia, essa antiga postura começou a mudar. E, mais uma vez, utilizando as palavras de Viñao Frago, "a história social da cultura escrita nasceu com uma vocação interdisciplinar" (2001, p. 6), apropriando-se do conhecimento de outros campos acadêmicos e passando a se preocupar com a interpretação dos textos. A partir dessa época, a história social da cultura escrita tem se desenvolvido e ampliado sua perspectiva de análise. Hoje não se aceita mais o estudo de um texto fora de seu contexto, sem se considerar o uso que se faz dele na sociedade. Esse novo olhar sobre a escrita acompanhou as transformações metodológicas pelas quais tem passado a própria História e a concepção de documento (Viñao Frago, 2000).

Documentos escolares como fonte de pesquisa: uma trajetória

Só nos últimos anos, com a renovação na Historiografia da Educação e sob a influência da História Cultural, é que os arquivos escolares passaram a ser valorizados como depositários de importantes fontes documentais, posto que as escritas produzidas nas escolas, no cotidiano de professores, administradores e alunos, constituem verdadeiros guias para o estudo histórico da cultura escolar.

Mas, como essa valorização é recente, a localização dos arquivos escolares não é uma tarefa fácil, uma vez que não existe uma política de preservação desses arquivos. Daí a dificuldade de localizá-los e consultálos: são poucas as escolas que se preocupam com os documentos mais antigos, uma vez que não são obrigadas a fazê-lo, e, quando são preservados, a seleção e a conservação desses documentos é bastante arbitrária.

Além disso, apesar de sua importância, essas escritas encontram-se dispersas nas próprias escolas,[4] em arquivos públicos[5] ou museus escolares, criados com a finalidade de preservar a memória da Educação. Mas, instituições como essas são recentes e ainda são raras aqui no País,[6] o que faz com que o pesquisador interessado na história das práticas pedagógicas, no dia a dia das escolas, tenha que realizar um verdadeiro trabalho de *garimpagem*.

Neste artigo, o meu intuito é mostrar algumas das potencialidades de investigação que esses documentos oferecem, as pistas que eles apontam. Documentos escolares, relatórios redigidos por inspetores, assistentes técnicos e diretores das escolas, atas de reuniões pedagógicas, ajudam a compreender as práticas pedagógicas, a cultura e o cotidiano escolar, uma vez que o diálogo com eles permite a renovação da interpretação histórica. Na pesquisa realizada para a minha tese de doutorado,[7] os documentos escolares foram de grande valia.

No início do meu estudo, procurei fazer um levantamento das escolas existentes na cidade de Belo Horizonte nas décadas de 1920 e 1930, período referente ao desenvolvimento da pesquisa, em busca dos acervos escolares existentes, incluindo o estudo das fontes sob a guarda do Museu da Escola, seguido do mapeamento das escolas, existentes no período em estudo, que ainda se mantêm. Foram localizados 23 grupos escolares[8] e uma escola infantil que ainda estão em funcionamento. Decidi começar a pesquisa consultando a documentação de quatro Grupos Escolares: Barão do Rio Branco, Cesário Alvim, Assis das Chagas e Olegário Maciel,[9] criados respectivamente em 1906, 1909, 1911 e 1924. Os principais critérios para a escolha foram, como não poderia deixar

---

[4] Não é raro encontrar a documentação de uma escola dispersa em outras.

[5] Em Belo Horizonte, a principal instituição é o Arquivo Público Mineiro; mas, quando realizei a pesquisa, em 2005 e 2006, a documentação referente a esse período não se encontrava sob sua guarda.

[6] Em Belo Horizonte, como mencionado anteriormente, existe o Museu da Escola de Minas Gerais, localizado no Centro de Referência do Professor/BH.

[7] *Mediadores entre propostas educacionais e práticas educativas: os assistentes técnicos do ensino na reforma Francisco Campos, realizada em Minas Gerais, no governo Antônio Carlos (1926-1930)*.

[8] Além desses grupos escolares mencionados, existia também um grupo noturno, criado em 1911 e batizado como Assis das Chagas, destinado para os alunos trabalhadores (VAGO, 2002). Apesar de a escola já não existir, parte dos seus arquivos foi encontrada em outra escola.

[9] Durante alguns anos, os três últimos grupos escolares citados funcionaram em um mesmo prédio, o que favorece a consulta; além disso, alguns livros foram utilizados indiscriminadamente por todos.

de ser, a existência de documentação e terem sido inaugurados antes da Reforma Francisco Campos (1927).

O Grupo Escolar Barão do Rio Branco, inicialmente nomeado como Primeiro Grupo Escolar da Capital, foi criado em 28 de setembro de 1906 e instalado em 30 de outubro do mesmo ano. Nessa época era presidente do estado João Pinheiro, e seu secretário do interior era Carvalho de Brito. Esse Primeiro Grupo começou a funcionar, após as adaptações necessárias, na Avenida Liberdade, próximo à Praça da Liberdade, construída para ser o centro administrativo do governo, no prédio construído para ser a residência do Secretário do Interior e que foi cedido para o Primeiro Grupo Escolar. Em 1914 foi transferido para seu prédio definitivo, na antiga Av. Paraúna (atualmente Getúlio Vargas) (FARIA FILHO, 2000), localizado não muito distante da Praça da Liberdade, o centro do poder do estado.

O chamado Terceiro Grupo Escolar, Cesário Alvim,[10] criado durante a presidência de Wenceslau Braz, em 1909, foi instalado em outubro do mesmo ano, no prédio onde já funcionava o Segundo Grupo Escolar,[11] localizado na rua Guarani com Tupinambás. Situado, inicialmente, bem no centro da cidade, foi construído mais tarde, no governo do Presidente Antônio Carlos, e concluído em 1930, o prédio onde atualmente funciona a Escola Estadual Cesário Alvim. Esse prédio, apesar de localizado na zona urbana, na rua Rio Grande do Sul, encontra-se próximo à Av. do Contorno (FONSECA, 2004).

Durante um certo período, no prédio onde está localizado o Grupo Escolar Olegário Maciel, funcionaram três grupos escolares. No turno da manhã, a escola citada; à tarde, o "Cesário Alvim" e, à noite, o Grupo Escolar Assis das Chagas, a primeira escola noturna da cidade, o que explicaria a existência de documentos dessas três escolas nos arquivos do Grupo Escolar Olegário Maciel. No arquivo da atual Escola Estadual Olegário Maciel, uma grande parte dos documentos refere-se à própria escola; existem também documentos do Grupo Escolar Assis das Chagas e, em relação ao Grupo Escolar Cesário Alvim, restaram apenas dois livros, um deles de visitas de professores ao grupo e outro de matrículas

---

[10] Criado pelo Decreto n. 2.613, de 17 de agosto de 1909, foi denominado Grupo Escolar Cesário Alvim em 23 de janeiro de 1914.

[11] Grupo Escolar Afonso Pena.

e ocorrências. O "Olegário Maciel" foi o nono grupo escolar criado na cidade e, como o Grupo Escolar Cesário Alvim, está localizado na zona urbana, próximo à Avenida do Contorno.

Após consultar diversos documentos, tais como atas de reuniões de professores, livros de ponto, frequência de alunos, atas de provas, a primeira questão colocada foi: quais os documentos que poderiam trazer informações mais relevantes. Optei, então, por aqueles que, em uma avaliação inicial, poderiam revelar o dia a dia das escolas: livros de atas, dos termos de visitas dos inspetores ou assistentes técnicos, os livros de atas de reuniões de professores, da realização de provas, os livros-caixa das Caixas Escolares, um livro de registro de correspondências enviadas e um livro de Notas Diárias,[12] como indicado no quadro abaixo.

Documentos escolares	Grupos escolares/ano de criação			
	Barão do Rio Branco/1906	Cesário Alvim/1909	Assis das Chagas/1911	Olegário Maciel/1924
Atas - Exames			3	3
Atas - Visitas de inspetor/assistente técnico	1		2	1
Livros-caixa das Caixas Escolares	2	2	4	2
Atas – Reuniões de Professores			1	1
Inventário de material				1
Correspondências enviadas				1
Atas – Reuniões das Associações de Mães				1
Notas diárias		1		

A partir da escolha dos documentos escolares que iria utilizar, procurei iniciar o diálogo com eles, confrontando-os também a outros, como

---

[12] Esse livro pertence ao Grupo Escolar Cesário Alvim, no qual a diretora anotava diariamente as principais atividades realizadas na escola, no período 04/08/1929 a 12/10/1930.

a legislação do ensino. E, como diz Fávero (2000), o estudo das fontes é sempre intercalado por perguntas, dúvidas e a busca de novas fontes. Desde o início, nos *Termos de Visitas,* nos quais os inspetores escolares deixavam registrados os seus relatórios, chama atenção a diferença entre os relatórios elaborados pelos inspetores e os dos assistentes técnicos[13] tanto no conteúdo quanto na forma como eram redigidos. As visitas dos assistentes técnicos eram regulares e prolongadas, os relatórios eram extensos, redigidos cuidadosamente, detalhados e incluindo as atividades observadas nas salas de aula, as desenvolvidas pelos próprios assistentes técnicos, as recomendações feitas aos professores, a divisão e o número de alunos por turmas, frequência e, muitas vezes, elogios ao grupo escolar e seu corpo docente. Como registrou o assistente técnico regional Manoel Pena, no dia 16 de agosto de 1932, no livro de atas do Grupo Escolar Barão do Rio Branco: " [...] deixo consignada a impressão que me ficou da boa marcha dos trabalhos que se vão encaminhando [...]". Por sua vez, as visitas dos inspetores eram esporádicas, os comentários sucintos, com frequência, redigidos a lápis, apenas documentando a ida à escola.

Os relatórios anteriores à reforma Campos e, principalmente, os posteriores a 1938, quando as visitas eram registradas, são sucintos, muitas vezes havendo um longo espaço entre elas. Só no período em que os assistentes técnicos eram encarregados das visitas às escolas, essas eram regulares e prolongadas, os relatórios extensos, redigidos cuidadosamente, detalhados. Essas características repetiram-se em livros localizados em diferentes escolas. É o que pode ser observado no grande livro de "50 folhas rubricadas e assinadas" pela diretora, como está no *Termo de Abertura,* destinado às anotações das visitas feitas pelos assistentes técnicos ao Grupo Escolar Barão do Rio Branco. Nesse livro estão registrados relatórios de 1932 a 1951. A diferença entre os relatórios elaborados no período em estudo (1932-1937) e aqueles feitos posteriormente mantêm o padrão indicado. As anotações feitas antes de 1937 eram regulares e prolongadas, os relatórios extensos, redigidos cuidadosamente, detalhados e incluindo as atividades observadas nas salas de aula, as desenvolvidas pelos próprios assistentes técnicos, as recomendações feitas aos professores, o número de alunos por turmas, frequência e, invariavelmente, elogios ao grupo escolar e seu corpo docente.

---

[13] Cargo criado no Governo Antônio Carlos (1926-1930) durante a reforma que ficou conhecida pelo nome de seu mentor, Francisco Campos, secretário do interior.

As visitas feitas posteriormente foram se tornando esporádicas e os assistentes técnicos foram substituídos pelos inspetores técnicos regionais. Os últimos relatórios são escritos a lápis e, muitas vezes, as palavras são ilegíveis, apenas documentando a ida à escola. A primeira visita anotada após 1937,[14] no *Termo de Visitas* do Grupo Escolar mencionado, foi feita em 1946, como está anotado:

> Tive a melhor impressão do Grupo Escolar Barão do Rio Branco na visita que acabo de fazer a este estabelecimento, de ensino primário. O seu corpo docente, sob a direção da ilustre educadora, Professora D. Ondina Amaral, honra o educandário. Deixo a quantos aqui trabalham, professores, alunos e funcionários, os meus mais vivos aplausos.
> Belo Horizonte, 16 de julho de 1946.
> João [...].

Situação semelhante foi localizada no *Termo de Visitas* pertencente ao Grupo Escolar Olegário Maciel, onde existem também observações a respeito do Grupo Escolar Cesário Alvim, que funcionou no mesmo prédio. O Termo de Abertura do livro em pauta foi feito por Ana Cintra, diretora do Grupo Escolar Cesário Alvim, e dele consta: "Termos de Visitas feitas às referidas escolas pelo Inspetor Regional e demais autoridades no período de 1919 a 1966". Os documentos anteriores a 1928 e os posteriores a novembro de 1937 são resumidos, e as visitas registradas também não são regulares. O primeiro relatório foi feito no dia 19 de julho de 1919. Dele constam apenas informações gerais. A última visita registrada antes da reforma Francisco Campos foi em 1925. Nessa ata o inspetor deixou registrado que esteve na escola 11 dias não seguidos e inspecionou todas as classes. Menciona: higiene, disciplina, bom aproveitamento dos alunos nas classes e que sua inspeção em cada uma foi de uma hora. Acrescenta que deu aulas modelo quando julgou necessário e observou que "este Instituto está melhorando". Todas essas informações foram registradas em apenas 11 linhas.

---

[14] Em 1938, o que ocorreu foi a criação da Inspetoria de Assistência Técnica do Ensino (Decreto-Lei n. 38, de 3 de janeiro de 1938). Os assistentes técnicos foram substituídos pelos inspetores técnicos regionais, e o estado, dividido em 27 circunscrições. Na sede de cada uma delas seriam centralizados os serviços de diversos departamentos do estado, "especialmente os interesses da Assistência Técnica do Ensino", que seria chefiada pelo auxiliar técnico do Secretário da Educação, o qual centralizaria e orientaria os serviços de inspeção e assistência e fiscalização técnico-pedagógica.

Posteriormente, a visita foi feita pela assistente técnica em comissão, Helena Penna, que permaneceu no grupo escolar durante sete dias, como está indicado: "Visitei nos dias 27, 28, 29, 30 e 31 de agosto e 3 e 10 de setembro". Ao final foi colocada a data em que o relatório foi registrado – 9 de setembro de 1928, e todas as observações foram feitas de forma detalhada. Os relatórios são semelhantes. A diferença é que, no primeiro deles, os elogios são mais frequentes e os relatórios ainda mais extensos. No primeiro relatório localizado no *Termo de Visitas* desse Grupo, em 1932, a assistente técnica elogia a diretora e o corpo docente, como pode ser observado: "Direção inteligente e dedicada da diretora, Exma. Sra. D. Elvira Brandão", [...] "a excelente aula de Língua Pátria e a solução de problemas, retirada do *Livro de Solução dos Problemas* organizado pela própria... " (a última palavra está ilegível). Na mesma ata ainda consta, referindo-se a outra classe: "Examinei as redações escritas na véspera, o bonito álbum de histórias inventadas e ilustradas pelas crianças". E em outra classe: "assisti à leitura dramatizada e à geografia ministrada sob a forma de um jogo inteligente e muito intuitivo". Ao final da ata, ainda acrescenta: "e, sobretudo, pela liberdade educada de que gozam os alunos nas classes". Essa visita da assistente técnica levou 20 dias, e o relatório ocupou sete páginas. Já no Grupo Olegário Maciel, a diretora e a vice-diretora eram sempre elogiadas; quanto às professoras, os elogios, quando eram feitos, dirigiam-se a todo o corpo docente e eram anotados apenas no final da ata.

Qual o significado dessas mudanças? Por que, em períodos distintos, as exigências em relação à participação desses profissionais foram modificadas? Por que os relatórios têm características diversas, incluindo a ausência de inspetores/assistentes durante períodos tão longos? Os registros das visitas dos inspetores técnicos trouxeram muitas informações, tais como as atividades por eles verificadas, os conflitos existentes nas escolas, mas também muitas questões. Percorrendo esses registros, procurei questionar a contribuição desses profissionais para a consolidação/transformação da cultura escolar mineira da época e o significado da escrita desses agentes como fonte de pesquisa. No processo de avaliação do significado dos textos, as primeiras perguntas que precisavam ser respondidas eram: quem escrevia, a quem se dirigia, qual o seu papel na instituição escolar? Quais as normas que instituíram o seu lugar?

Os inspetores escolares, em Minas Gerais, existiam desde o século XIX, mas, nessa época, apenas os critérios políticos, o clientelismo, é que determinavam a escolha desses profissionais. Logo no início do século XX, foi feita uma ampla reforma do ensino realizada no Governo João Pinheiro, em 1906. Nessa reforma é que foram instituídos os Grupos Escolares e, a partir desse momento, uma nova cultura escolar começa a se afirmar no estado. Segundo Faria Filho (2000), com suas críticas os inspetores participaram ativamente desse processo.

O Regulamento da Instrução Primária e Normal (1906), implementado na reforma de 1906, propunha a construção de uma escola diferente da que existia até então: em lugar das escolas isoladas, os grupos escolares; professores habilitados; novos métodos de ensino e fiscalização do trabalho desenvolvido nas escolas. Na Introdução do Regulamento, Carvalho Brito, naquela época Secretário do Interior, referia-se à inspeção como alma do ensino, que deveria ser realizada não por funcionários indiferentes, mas por pessoal técnico, susceptível de apaixonar-se pela causa que lhe seria confiada. A escolha desses profissionais era competência do Presidente do Estado, exercida por intermédio do Secretário do Interior e autoridades escolares competentes, que continuavam, portanto, como agentes de confiança do governo.

A reforma João Pinheiro, a primeira grande reforma do ensino em Minas Gerais realizada no início do século XX, mantém a mesma divisão em inspeção administrativa e técnica que existia desde o século XIX. A primeira ficava a cargo dos inspetores escolares municipais e distritais e que não exerciam nenhuma interferência nos processos de ensino especificamente. A inspeção técnica era privativa dos chamados inspetores ambulantes, que teriam funções pedagógicas, aos quais caberia verificar o cumprimento do programa de ensino primário, assistir ao funcionamento das aulas e interferir, se necessário, nas atividades docentes (MOURÃO, 1962).

Outras reformas foram feitas nas primeiras décadas do século XX, mas a exigência de uma formação específica para a inspeção técnica surgiu com a Reforma Francisco Campos (1926-1930). O sistema de fiscalização se torna mais complexo. A divisão em inspeção administrativa e técnica é mantida, sendo que a primeira era exercida pelos inspetores municipais e distritais e a inspeção e assistência técnica pelos *presidentes das Federações Escolares*[15] e pelos assistentes técnicos ordinários, os quais seriam escolhidos,

---

[15] Para os fins da administração do ensino, o estado ficou dividido em Federações Escolares municipais (Art. 81 do Decreto N. 7970-A/1927).

"de preferência, dentre os membros do magistério público, pelas notas de merecimento registradas na Secretaria do Interior, exigido, porém, o diploma da Escola de Aperfeiçoamento"[16] (Decreto n. 7.970-A/1927, art. 73).

Na organização do sistema de administração do ensino feita naquela época, foram centralizadas as decisões, o setor técnico ampliado e a implementação das decisões dos órgãos diretores era controlada pelo sistema de inspeção. A partir de então, os assistentes técnicos, formados na Escola de Aperfeiçoamento, deveriam difundir as ideias, presentes na Reforma Campos, além de controlar com maior competência o trabalho desenvolvido nas escolas. O cargo de assistente técnico era um dos mais altos da hierarquia educacional, suas funções, semelhantes às dos antigos inspetores; mas seus poderes bem mais amplos: além de observar o trabalho desenvolvido pelos professores, poderiam interferir no seu desenvolvimento, sugerindo mudanças, aplicando testes, examinando os cadernos ou arguindo os alunos. A formação específica para o cargo dava-lhes a legitimidade e o conhecimento técnico necessários para interferir na prática pedagógica.

Apesar de Francisco Campos ter reformulado toda a legislação do ensino, divulgando amplamente a Reforma, apenas pelo estudo das normas definidas não é possível afirmar que tenha ocorrido uma verdadeira mudança dentro das escolas. Daí a importância da utilização de novas fontes de pesquisa, entre elas, a escrita de profissionais do ensino. Esses relatos oferecem pistas, indícios do que ocorria nas escolas. Os relatórios trazem uma série de informações a respeito do funcionamento das escolas. Contudo, "é preciso analisá-los considerando o lugar a partir do qual são produzidos e a posição dos sujeitos que os produzem" (Souza, p. 12) pois, ao mesmo tempo em que registravam suas observações, pretendiam também organizar a escola, construir uma cultura escolar. Como diz Cunha, referindo-se aos inspetores escolares:

> [...] ao descrever, narrar, inspecionar e sugerir ações para a escola, ajudaram a construir uma memória da escola e, igualmente, uma cultura escolar, uma vez que tais textos trazem marcas das práticas sociais vivenciadas na instituição naquele período. Tais relatórios, por estarem escritos

---

[16] A Escola de Aperfeiçoamento foi criada em 1929, pelo Decreto 8.987/29. Sua finalidade era preparar e aperfeiçoar, do ponto de vista técnico e científico, os candidatos ao magistério normal, à assistência técnica do ensino e à direção dos grupos escolares do estado.

têm hoje poder de documento ao se apresentarem à temporalidade do historiador/leitor (2003, p. 51-52).

Assim, na medida em que relatam e elogiam, organizam e reforçam as práticas que as escolas desenvolvem.

Após a saída de Antônio Carlos do Governo de Minas, em 1930, Noraldino Lima, então secretário de Educação e Saúde Pública, apresentará novas propostas de reformulação do sistema de ensino, adaptando-o às necessidades do novo governo. O governo mineiro reelabora a sua política educacional, as prioridades são redefinidas. As características da Reforma do governo anterior, mais convenientes, são enfatizadas deixando claro, desde o início, que o seu primeiro compromisso é com a qualidade. Com esse objetivo, as práticas pedagógicas convenientes ao novo governo deveriam ser mantidas, incluindo o ideário escolanovista. Para o novo governo, uma escola de qualidade é aquela que oferece condições para que o indivíduo se aperfeiçoe, cumprindo seu papel na sociedade. A qualidade exige um ambiente escolar cientificamente organizado, classes homogêneas, a aplicação de testes psicológicos, a mensuração dos alunos com base em critérios físico-biológicos, isto é, ambiente adequado à aprendizagem, incluindo o respeito às diferenças individuais. A preocupação com a manutenção dessas características pode ser observada nos relatórios dos assistentes técnicos. A leitura de seus termos de visitas mostra que, durante todo o período que vai da reforma Campos até 1937,[17] não há nenhuma mudança significativa no trabalho desenvolvido.

No estudo dos documentos redigidos pelos assistentes técnicos estão presentes as atividades propostas: ensino ativo, a aplicação de testes, a realização de jogos, a organização de bibliotecas, participação em sessões de *Auditorium*, a homogeneização das classes e a discriminação dentro da escola – "classes de alunos anormais analfabetos, turma de repetentes de mentalidade D". O registro feito pela assistente técnica, no dia 26 de agosto de 1933, no Grupo Escolar Barão do Rio Branco é muito expressivo: "todas as classes são o quanto possível uniformes, não só em mentalidade como no preparo intelectual. E ainda... o trabalho apresenta resultados ótimos, atendendo aos requisitos principais da Escola Nova, isto é, educação da

---

[17] Pelo Decreto nº 38/38, em seu Art. Iº *Fica extinto o Serviço de Assistência Técnica.*

iniciativa e desenvolvimento integral dos alunos". Mesmo considerando não ser possível afirmar que todas as informações correspondem à realidade, a divisão das turmas ficou documentada também nos diários de classe localizados. E, como mostra Escolano (1998), o espaço tem um poder pedagógico.

> A"espacialização" disciplinar é parte integrante da arquitetura escolar e se observa tanto na separação das salas de aula (graus, sexo, características dos alunos), coisas que facilitam além disso a rotinização das tarefas e a economia de tempo. Essa 'espacialização' organiza minuciosamente os movimentos e os gestos e faz com que a escola seja um continente de poder (p. 27-28).

Ao relatar sua experiência de retorno à escola de sua infância, o mesmo autor evidencia como na perspectiva psicopedagógica o espaço escolar deixou-lhe profunda impressão.

Mas, da mesma forma em que controlavam o trabalho desenvolvido nas escolas, eram também fiscalizados. Cópias das atas deveriam ser enviadas à Inspetoria Geral de Instrução Pública, "no fim de cada quinzena" (Art. 77, Decreto n. 7970-A). Outro exemplo do controle exercido é que não poderiam "sair de suas circunscrições senão por motivo justificado e mediante autorização expressa do Inspetor Geral da Instrução Pública" (Art. 81, Decreto n. 7970-A).

A ênfase em construir uma escola "sob medida, agrupando as crianças em turmas de iguais" (VEIGA, 2000, p. 58), pode ser comprovada não apenas pelo relato dos assistentes técnicos, mas também pela diretora do Grupo Escolar Cesário Alvim, quando registra no livro de notas diárias, no dia 23 de agosto de 1929: "por autorização verbal do Senhor Inspetor Geral de Instrução Pública, reduzi a classe do 3º. ano de alunos de índice mental subnormal, para 34 alunos". Muitas dessas informações ficaram registradas também nos livros de atas das reuniões de professoras, pela indicação dos estudos que eram feitos: "iniciamos hoje o estudo dos testes".

Na mesma época em que são introduzidos os testes, a homogeneização das turmas de acordo com as características da criança, há também uma preocupação em ampliar o acesso às escolas, incorporando as classes trabalhadoras. Mas, como os textos mostram, essa incorporação era feita de uma forma diferenciada e, nesse processo, a localização destinada a cada aluno nas diferentes turmas das escolas cumpria um papel importante, discriminando os considerados mais ou menos capazes.

Por último, destaco as escritas registradas nos livros-caixa das Caixas Escolares. As anotações das despesas são importantes indícios do cotidiano das escolas: despesas com excursões realizadas, aluguel do cinematógrafo, material escolar adquirido evidenciam que a escola deveria participar ativamente da vida cultural e social da época, inclusive trazendo as famílias para dentro das escolas, como na participação dos Auditórios, constantemente cobrados pelos assistentes técnicos do ensino, como está documentado nas atas das reuniões dos professores.

Essas reflexões possibilitam vislumbrar inúmeras possibilidades dos arquivos escolares – e os documentos dos quais são depositários – se tornarem importantes fontes de pesquisa para o estudo histórico do dia a dia das escolas. Não pretendi esgotar todas as suas possibilidades, mas apenas indicar, tomando como referência o trabalho que estou desenvolvendo, as pistas, o caminho que essas fontes podem ir revelando para a história das práticas escolares.

Referências

BURGUIÈRE, André (Org.). *Dicionário das Ciências Históricas*. Rio de Janeiro: Imago, 1993.

CARVALHO, Marta Maria Chagas de; WARDE, Miriam Jorge. Política e cultura na produção da história da educação no Brasil. *Contemporaneidade e Educação*, ano V, n. 7, 1º, p. 9-33, semestre/2000.

CUNHA, Maria Teresa Santos. Uma visita do senhor inspetor: cultura cívica em relatórios escolares. In: MIGNOT, Ana Chrystina Venâncio; CUNHA, Maria Teresa Santos (Orgs.). *Práticas de memória docente*. São Paulo: Cortez, 2003, p. 51-62.

ESCOLANO, Agustín. Arquitetura como programa. Espaço-escola e currículo. In: VIÑAO FRAGO, Antonio; ESCOLANO, Agustín. *Currículo, espaço e subjetividade: a arquitetura como programa*. Rio de Janeiro: DP&A, 1998, p. 19-58.

FARIA FILHO, Luciano Mendes de. *Dos pardieiros aos palácios: Cultura escolar e cultura urbana em Belo Horizonte na Primeira República*. Passo Fundo: Ed. UPF, 2000.

FARIA FILHO, Luciano Mendes de. Escolarização, culturas e práticas escolares no Brasil: elementos teórico-metodológicos de um programa de pesquisa. In: LOPES, Alice Casimiro; MACEDO, Elizabeth (Orgs.). *Disciplinas e Integração Curricular: História e Políticas*. Rio de Janeiro: DP&A, 2002. p. 13-36.

FÁVERO, Maria de Lourdes de Albuquerque. Pesquisa, memória e documentação: desafios de novas tecnologias. In: FARIA FILHO, Luciano Mendes de (Org.). *Arquivos, fontes e novas tecnologias: questões para a história da educação.* Campinas: Autores Associados; Bragança Paulista: Universidade São Francisco, 2000. p. 101-116.

LOPES, Eliane Marta Teixeira, GALVÃO, Ana Maria de Oliveira. *História da Educação.* Rio de Janeiro: DP&A, 2001.

MAGALHÃES, Justino. Um a apontamento metodológico sobre a história das instituições educativas. In: SOUZA, Cynthia Pereira de; CATANI, Denice Bárbara (Orgs.). *Práticas educativas, culturas escolares e profissão docente.* São Paulo: Escrituras Editora, 1998, p. 51-70.

MEDEIROS, Ruy. *Arquivos Escolares – Breve Introdução a seu Conhecimento.* (Mimeo)

MIGNOT, Ana Chrystina Venancio. A escrita nossa de cada dia; sonhos impressos em iniciativas de preservação da memória escolar. In: *II Seminário Internacional. As redes de conhecimento e a tecnologia – imagem e cidadania.* Rio de Janeiro: UERJ, 2003. CD-ROM.

NUNES, Clarice. CARVALHO, Marta Maria Chagas de. Historiografia da educação e fontes. *Caderno ANPED*, n. 5, Porto Alegre, p. 7-64, 1993.

PEIXOTO, Anamaria Casasanta *A educação no Brasil:* anos 20. São Paulo: Loyola 1992.

PERES, Eliane Teresinha. *Aprendendo formas de pensar, de sentir, de agir. A escola como oficina da vida: discursos pedagógicos e práticas escolares da escola pública gaúcha* (1909-1959). Tese (Doutorado em Educação) – Universidade Federal de Minas Gerais, Faculdade de Educação, Belo Horizonte, 2000.

SOUZA, Rosa de Fátima. Um itinerário de pesquisa sobre cultura escolar. In: CUNHA, Marcus Vinicius da. (Org.) *Ideário e imagens da educação escolar.* Campinas: Autores Associados; Araraquara: Programa de Pós-Graduação Escolar da Faculdade de Ciências e Letras da UNESP, 2000. p. 3-27.

VEIGA, Cynthia Greive. Escola Nova: a invenção de tempos, espaços e sujeitos. In: FARIA FILHO, Luciano Mendes de; PEIXOTO, Ana Maria Casasanta. *Lições de Minas: 70 anos da Secretaria de Educação.* Belo Horizonte: Secretaria de Estado da Educação de Minas Gerais, 2000, p. 48-65.

VIÑAO, Antonio. Por uma história da cultura escrita: observações e reflexões. *Cadernos do Projecto Museológico sobre educação e infância,* Santarém: Escola Superior de Santarém, n. 77, 2001.

VIÑAO, Antonio. A modo de prologo, refugios del yo, refugios de otros. In: MIGNOT, Ana Chrystina Venancio, BASTOS, Maria Helena Câmara; CUNHA, Maria Tereza Santos (Orgs.). *Refúgios do eu: educação, história e escrita autobiográfica.* Florianópolis: Mulheres, 2000. p. 9-15.

Fontes documentais

Documentos escolares

LIVRO de atas das reuniões de quinta-feira do Corpo Docente do Grupo Escolar Assis das Chagas, 23/8/1934 a 4/9/1957.

LIVRO de atas das reuniões pedagógicas. Grupo Escolar Assis das Chagas.

LIVRO de Atas de Reuniões Pedagógicas do Corpo Docente do Grupo Escolar Olegário Maciel. 9/7/1936. Localizado no arquivo da Escola Estadual Olegário Maciel.

LIVRO de notas diárias do Grupo Escolar Cesário Alvim, 14/8/1929 a 2/10/1930. Localizado no arquivo da Escola Estadual Cesário Alvim.

TERMO de visitas do Grupo Escolar Assis das Chagas, 14/2/1920 a 27/4/1969. Localizado no arquivo da Escola Estadual Olegário Maciel.

TERMO de visitas do Grupo Escolar Barão do Rio Branco, 26/2/1932 a 24/10/1947.

TERMO de visitas do Grupo Escolar Olegário Maciel, 3/6/1919 a 17/10/1966. Localizado no arquivo da Escola Estadual Olegário Maciel.

TERMO de visitas. Grupo Escolar Assis das Chagas, 1927-1934.

TERMO de visitas. Grupo Escolar Barão do Rio Branco, 1932-1937.

TERMO de visitas. Grupo Escolar Olegário Maciel, 1919-1937.

Documentos oficiais

MINAS GERAIS. Decreto n. 7970-A, de 15 out.1927. Aprova o Regulamento do Ensino Primário. Coleção das Leis e Decretos do Estado de Minas Gerais. Vol. III. Belo Horizonte: Imprensa Oficial, 1928.

MINAS GERAIS. Decreto n. 8.162, de 20 jan.1928. Aprova o Regulamento do Ensino nas Escolas Normais. Coleção das Leis e Decretos do Estado de Minas Gerais. Belo Horizonte: Imprensa Oficial, 1929.

MINAS GERAIS. Decreto n. 38/38, de 3 jan. 1938. Cria a Inspetoria de Assistência Técnica do Ensino. Coleção das Leis e Decretos do Estado de Minas Gerais. Belo Horizonte: Imprensa Oficial, 1939.

A prática da captura dos meninos dos gentios no Brasil quinhentista: uma reflexão sobre o discurso pedagógico

André Márcio Picanço Favacho

O capítulo ora apresentado pretende contribuir com a temática deste livro da seguinte maneira: mostrar que a relação passado-presente deve ser mais ou melhor explorada em nossas pesquisas em Educação, na medida em que temos percebido que têm sido cada vez raras pesquisas que problematizem a complexidade dos tempos e as formas éticas que deles herdamos. Não se fará, no entanto, uma revisão teórica sobre a relação passado-presente; em vez disso, se esforçará para mostrar a atmosfera educacional do século XVI e dela inferir nossa relação atual com aquilo que reconhecemos como ação educativa. O referido esforço busca reconstruir nossa relação ou atitude histórica, modificada e atualizada, frente ao ato de educar o outro no Brasil.

Por essa razão, nosso interesse aqui não é o de descrever as diferentes fases pelas quais passou a pesquisa em Educação no Brasil, nem demonstrar seus limites e avanços, mas mostrar que, de acordo com a proposta deste livro e em minha experiência de investigação durante o doutorado em Educação, será preciso abandonar a pesquisa puramente histórica e avançar em direção a uma pesquisa da descontinuidade. Isso significa evidenciar que, apesar do recurso à história, é o presente que está em questão.

Aliás, em Foucault, teórico que inspira este texto, o presente "refere-se àquelas coisas que são constituídas em nossos procedimentos correntes de modo que não nos apercebemos que têm suas raízes no passado" (FOUCAULT *apud* RAJCHMAN, 1985, p. 53). Mas sua finalidade não é a de explicar o passado ou o presente, nem mesmo tirar lições morais, nem revelar qualquer origem, nem ainda encontrar alternativas ou soluções para o presente, e sim localizar os perigos do presente. Como ele mesmo afirma, "não quero fazer a história das soluções, e sim a genealogia dos problemas, das problematizações" (FOUCAULT, 1984, p. 44). Não queremos também propor imobilismo, mas o ativismo intenso, ou seja, quanto menos se sabe sobre o presente, mais se deve interrogá-lo, provocá-lo em suas possibilidades. O presente em Foucault não é, então, o agora obtuso, estúpido e claro, mas a descontinuidade por excelência, pois dele nada sabemos e, por isso, nele costuramos os mais diferentes mosaicos.

Dessa forma, o capítulo pretende apresentar, em primeiro plano, a captura dos homens como componente de um contexto internacional amplo que se articulava com um contexto do Brasil quinhentista recém-descoberto e, depois, num segundo plano, demonstrar como a catequese se revelava numa forma específica de captura: a captura dos meninos, cujos elementos erigiam o discurso pedagógico brasileiro.

A prática da captura no contexto do Brasil quinhentista

Na primeira metade do século XVI, período do contato entre os europeus e os "índios" brasileiros, o mundo há tempos já praticava um fenômeno escandaloso de ordem moral. Muitos historiadores chamaram-no de escravidão, mas passaremos aqui a chamá-lo de captura de homens, pois, enquanto a escravidão se ocupava em extrair riquezas do trabalho e do próprio comércio de escravos, a captura desejava impor um governo totalizador sobre o corpo, a cultura e, enfim, alterar a prática ético-moral do capturado.

Por prática ético-moral devemos entender o movimento de recusas, aceitações e transformações que o sujeito realiza por dentro dos códigos morais estabelecidos, para gerar uma verdade sobre si mesmo e, com isso, constituir-se em um sujeito de sua própria moral. A noção de prática ético-moral se baseia na concepção de ética em Michel Foucault (2003), para quem a ética não se confunde com a moral, mas tampouco se produz sem esta. A concepção de moral engloba os códigos, regras e valores estabelecidos que se apresentam aos indivíduos, e ética é concebida como o procedimento de risco que esses realizam no confronto com os códigos morais, que podem resultar em apenas formas de se conduzir dentro dos códigos ou em rupturas ou transgressões desses mesmos códigos morais.

Sendo assim, a melhor maneira de se alterar a prática ético-moral dos capturados (no caso brasileiro, os índios), realizada pelos jesuítas era adentrar o sistema de valores morais e éticos desses capturados, a fim de apresentar-lhes outros valores, para que elaborassem, eticamente, um deslocamento moral. Essa prática, porém, não se faz numa única direção, ela possui seu reverso. Não foram poucas vezes que Nóbrega foi criticado por seus colegas e superiores por ter adaptado valores indígenas aos dos europeus, a fim de conseguir os melhores resultados de conversão. Aconteceu o mesmo com os colonos. Muitos destes aderiram, sub-repticiamente ou não, aos valores morais indígenas para atingir diversos interesses, nem sempre inescrupulosos.

É evidente que, ao colocar em movimento a prática ético-moral dos capturados, os jesuítas visavam conhecer melhor as possíveis semelhanças entre as duas culturas opostas e condenar as diferenças que violavam as verdades jurídicas e teológicas já consagradas na cultura dominante. Esse "conhecer melhor" demandava o estudo da língua tupi. À medida que os padres aprendiam a língua dos índios, praticavam com mais habilidade as artes da semelhança e da condenação dos valores indígenas. Nesse particular, Bittar e Ferreira Jr. (2004), ao discutirem o teatro anchietano como forma de aculturação e de expansão do uso do idioma português, afirmam que conhecer a língua do dominado era a melhor forma de catequizá-lo e de introduzir um objetivo moral.

Assim, se for verdade que a prática ético-moral representava, nos tempos coloniais, o pivô das formas de captura ou, em outras palavras, colocava a moral dos diferentes sujeitos em pleno movimento, era porque a captura transcendia a própria escravidão dos homens, além de ultrapassar o sentido da atividade lucrativa e o esforço físico sobre o corpo do escravizado; ela se voltava para a constituição moral dos sujeitos capturados, exatamente por confrontar diferentes morais. Havia, nessa direção, um interesse que não era apenas o da comercialização ou do trabalho escravo, mas o da sujeição ético-moral, o que quer dizer que, entre luta e submissão por parte de índios e europeus, outras verdades sobre o outro se instauravam. Jesuítas, colonos e índios, através da prática ético-moral em movimento, se conheciam mutuamente, produziam sentidos, alteravam olhares e criavam novas formas de organização e valores.

Com efeito, a captura é, de certo modo, mais perversa que a escravidão em si. Em geral, não apresenta o derramamento de sangue, nem o cativeiro, nem o aprisionamento e nem sequer as hierarquias tão explícitas de mando. A captura pode ser considerada como modo de consenso, mas também de persuasão, produzidos em acordos explícitos ou induzidos.

É, por assim dizer, consentimento mútuo que se produz em situação de "liberdade". Eis a melhor razão pela qual, mesmo depois de eliminarmos ou abolirmos o comércio e o cativeiro dos negros, pouco se alteraram – talvez, intensificaram-se – as formas da captura do outro. Isso também explica porque desde a escravização dos mouros, dos negros africanos e dos índios, realizada pelos colonizadores portugueses, a captura do outro restou-nos como um elemento inalterado, visando a eliminação da diferença, por meio de supostos consentimentos mútuos.

A captura, portanto, está para além de uma escravização voltada para uma economia de troca. Ela ultrapassa a necessidade de acumulação de riquezas. Trata-se de uma captura de mentes e culturas que, definitivamente, marcou a modernidade ocidental.

Esse tipo de captura pode muito bem ser vista naquilo que muitos estudiosos denominaram catequese. A catequese no Brasil não foi tão homogênea como supõe sua ação. A doutrinação dos índios e, em especial, dos meninos dos gentios se deu de forma fluída e, não raras vezes, fora dos ditames catequéticos feitos em Portugal. Conforme já dissemos, a captura é um amplo movimento no qual a catequese se insere de forma especial. Semelhante à captura, a catequese envolvia formas refinadas de convencimento e de atuação sobre a ação moral do outro, o que facilitava a colonização e a aculturação. Ou seja, a catequese não era apenas a doutrinação dos povos indígenas, aliás, era o que ela menos conseguia fazer, se entendermos a doutrinação friamente, isto é, o ato de ensinar o outro de acordo com uma doutrina religiosa. Na verdade, para cumprir este destino, ela se ligava inteiramente a vários aspectos do processo colonizador e de aculturação, como ao comércio, à produção dos latifundiários, à produção do trabalho escravo e, por fim, ao aprendizado da língua tupi.

Se o trabalho da catequese tinha o objetivo de ensinar a crianças e adultos o rigor da doutrina religiosa, ele só foi possível de forma inversa e paradoxal, pois a catequese praticada no Brasil nos anos iniciais (pelo menos por um século) se dava de forma extraordinariamente contraditória. Era invertido porque, em vez de se ensinar o idioma português ao índio (o que também se fazia), os padres aprendiam o tupi. Era paradoxal porque, na medida em que aprendiam o tupi, os padres ensinavam aos índios apenas o princípio moral fundante da religião cristã, ou seja, a oposição entre o bem e o mal. Mais do que ensinar a língua portuguesa aos índios, os jesuítas ensinavam um fundamento moral que não ocorria, propriamente, pelo ensino das letras, mas, necessariamente, pela prática cotidiana de repreensão e ajustamento dos valores morais dos índios aos dos portugueses. É esse movimento paradoxal e invertido que gera a principal característica da ação jesuítica no Brasil, a saber: eram especialistas na atividade moral-religiosa que prezava pelas formas indiretas e brandas de conversão. Mais do que ensinar a doutrina, os jesuítas demonstravam no seu próprio corpo o interesse em aprender a língua tupi, para melhor interferir na relação ético-moral dos índios. O fato é que a catequese jesuítica oferecia um modelo de dominação extremamente refinado, em que se obtinha a obediência do subordinado, demonstrando em si mesmo um interesse, diríamos, sincero pelo outro.

Formas de captura

Os europeus realizavam várias formas de capturas: a do negro vindo da Guiné, a do índio, a do colono, dos órfãos, de mulheres, etc. Tais capturas provocavam um conjunto complexo de sujeições como favores, trocas, raivas e invejas, paixões e rebeliões, alastrando-se por todo o tecido social da colônia.

Todas as capturas foram dolorosas e violentas. A dos indígenas, por exemplo, ocorrida nessa época, era realizada por dois dos principais agentes autorizados: os representantes da Coroa Portuguesa – que capturavam os índios adultos e produtivos, muitas vezes de forma sangrenta – e os representantes da Igreja Católica – através dos Jesuítas da Companhia de Jesus que, pelo padroado, capturavam, em geral, os meninos, as mulheres, os doentes índios e toda e qualquer pessoa mais "fraca" ou vulnerável da colônia, ofertando-lhes acolhimento e compreensão.

Essas formas de captura criavam um complexo jogo de interesses. Diferentemente do que se pensa, os índios não eram os únicos a serem evangelizados, os próprios colonos ainda precisavam ser, se não evangelizados, ao menos vigiados em sua devoção, pois é preciso lembrar da maciça presença de cristãos novos, imigrando de Portugal para o Brasil nos séculos XVI e XVII. Porém, como o índio era o alvo maior da evangelização, é obvio que todos o desejavam capturar a fim de impor-lhe as leis católicas. Uma vez transformados em objeto de desejo, os índios se tornavam o alvo da conversão de todos os habitantes da Colônia. As sublevações foram inevitáveis: cristãos brigavam contra cristãos; cristãos a favor de cristãos contra jesuítas; índios a favor de cristãos contra os jesuítas; jesuítas, índios e o Governador-Geral contra cristãos; índios a favor de índios contra cristãos e jesuítas; padres seculares contra jesuítas a favor dos índios; padres seculares contra índios, etc.; enfim, era um conjunto de pequenas aglomerações que demonstrava uma verdadeira guerra cotidiana ocorrida na Colônia a favor da conversão indígena.

A complexidade que a captura criava se dava na medida em que todos, de certa forma, tinham a liberdade, mediada pelos seus interesses, de capturar o outro e de se deixar capturar, ou de trocar algo de sua cultura pela captura do outro. Isso deixa claro que o negócio da captura não era privilégio de uma única pessoa ou de uma única cultura. Todos, de alguma maneira, utilizavam-na como forma de negociar seus interesses. Deve-se notar, no entanto, que esse tipo de captura desenfreada não acontecia entre os índios antes da chegada dos colonos. A "captura" que os índios realizavam tinha uma conotação bem diferente daquela ensinada pelos portugueses. Como ressalta Fernandes (1963), o aprisionamento realizado pelos índios não era total. Mesmo sentenciado, o prisioneiro tinha o direito de viver "livre" dentro da aldeia; recebia uma esposa, participava das festas e se comprometia com seu destino, a morte. Mas, o que importa aqui é que, com o contato, o índio também observa o funcionamento da captura como uma forma de manipular interesses e produzir valor.

De um lado, os colonizadores realizavam capturas voltadas para a comercialização e, de outro, os jesuítas realizavam-nas voltadas para a evangelização. Do outro ponto da cultura, os índios se deixavam capturar para permanecer em seus "antigos costumes", isto é, preservar sua cultura. Além disso, os demais colonos realizavam capturas que envolviam três finalidades: a do comércio, a da própria evangelização e a do tirar proveito (ou se aproveitar) do outro (escravizar) de forma consentânea.

Em razão das diferentes finalidades das capturas é que muitos historiadores costumam dizer, não sem razão, que a colonização não é a catequese. São ações distintas, em que uma e outra eram produzidas por agentes específicos. No entanto, o estudo realizado na tese sobre as cartas jesuíticas leva-nos a perceber o quanto era difícil no Brasil separar essas finalidades. De fato, havia um elemento que misturava essas finalidades: o povoamento. Mesmo considerando que, por um lado, os representantes da Coroa Portuguesa se ocupavam com os negócios da "colonização" e, por outro, a Igreja se preocupava com os da catequização, o povoamento estabelecia um tipo de colonização bem diferente praticada no Brasil que acabara, por assim dizer, unindo comércio e catequese.

Considerando a abordagem de Caio Prado Junior (1942) sobre a colonização, poderíamos dizer que tanto a Igreja como a Coroa Portuguesa estavam unidas num tipo específico de colonização, que se inaugurava com os portugueses: a colonização com a finalidade de povoamento. Específico porque, embora fosse marcada por uma ampla exploração do homem e, inicialmente, dos recursos naturais espontâneos (produtos da terra), ela começara a povoar o território. Povoar o território significava atuar com as mais diferentes forças sociais e suas respectivas capturas.

Segundo Prado Junior (1942), o povoamento nunca foi interesse primeiro dos colonizadores, mas, no caso da ocupação da América, ele teve um relevante papel. O autor esclarece que havia, em geral, na colonização das demais colônias portuguesas, apenas o estabelecimento de feitorias, funcionários e militares para a defesa. Mas, no caso do povoamento da América, os portugueses realizaram-no de duas maneiras, ocupando duas áreas distintas: as zonas temperadas e as zonas tropical e subtropical. Na América temperada, a colonização era igual nas demais, ou seja, oferecia-se apenas o pessoal e o estabelecimento de feitorias para a administração da exploração. No caso da América tropical e subtropical era bem diferente. Afirma Prado Junior (1942) que o europeu só se dirigia para os trópicos se fosse para ocupar papel de dirigente, pois as condições dessas terras eram bem diferentes das terras temperadas e, para isso, teria que contar com pessoas para o trabalho braçal. No caso do Brasil, embora fossem terras tropicais, foi ainda mais diferente, pois as consequências da peste negra ocorrida na Europa (ainda não sanadas totalmente) e a escassez populacional de Portugal impediam a vinda de grandes contingentes de portugueses para povoar o Brasil. O sentido da nossa colonização, conclui Prado Junior, foi recrutar o trabalho entre as raças inferiores (indígenas ou negros africanos importados) e nelas impor uma produção, sempre com o objetivo voltado para o exterior.

Esse tipo de colonização, a do povoamento, pode também ser verificado nas cartas jesuíticas dos primeiros anos da colonização no Brasil. Contudo, como os jesuítas atuavam diretamente com os embaraços sociais e com a questão da catequização, destacavam nessas cartas outros aspectos desse povoamento. Nelas, o emprego da mão de obra escrava é suavizado, embora os relatos sejam muitos, enquanto as alianças colonizadoras, assim denominadas neste texto, são amplamente valorizadas.

Mas, em que consistiam essas alianças e qual a relação delas com o povoamento e, por fim, com a captura?

Podemos dizer que as alianças colonizadoras engendradas pelos jesuítas visavam contribuir com o aumento do número dos habitantes do Brasil, desde que purificados de seus antigos costumes e, por isso, eram, sim, formas de povoamento, porém, realizadas para fins de eliminação cultural, não necessariamente para a escravidão. As alianças colonizadoras se apresentavam nas cartas jesuíticas a partir três práticas: do matrimônio, do senhoreamento (vigilância e distribuição dos índios entre os cristãos vindos de Portugal) e do recolhimento dos meninos dos gentios, o que nós iremos chamar de captura dos meninos Tupinambás.

Quanto aos arranjos matrimonias, esses eram inúmeros. Os padres jesuítas, quando possível, cuidavam de casar os escravos vindo da Guiné entre si, os índios que não estavam em desacordo com as orientações do direito natural e divino, os brancos entre si, mas também com índios e, mais tarde, com os negros. Cuidavam para que as mulheres vindas de Portugal também se arranjassem com os portugueses, mas também com os índios. Enfim, os jesuítas faziam todos os arranjos familiares e produtivos possíveis. Eles foram mestres na arte do casamento associado ao povoamento, que ajudava a povoar a terra com os seus próprios habitantes de forma ordenada, estratégica e produtiva, de maneira que não faltaram casamentos arranjados entre os *negros e as negras*, entre brancos e negras, e destes com as mulheres "de moral duvidosa" vindas de Portugal. É importante registrar que "negros" e "negras" era a denominação que os cristãos davam aos índios e índias.

Depois aparece nas cartas a ideia de senhorear os índios, ou seja, dar-lhes aos cristãos vindos de Portugal e assentados nas terras do Brasil. Seriam seus escravos ou mancebos. Os cristãos seriam seus protetores, a fim de lhes imporem ordem e obediência. Assim, povoar-se-iam determinadas áreas sob o jugo dos cristãos. O senhoreamento também consistia em aumentar o número de homens disponíveis para a corporação do Governador-Geral, pois este solicitava mais bases militares que impedissem os índios de construir casas em qualquer lugar e, além disso, de ocupar as melhores fazendas, permitindo-lhes apenas as praias.

Tal senhoreamento só era possível com o processo de aldeamento, que estava sendo experimentado pelos espanhóis com os índios do Sul (Guaranis). Nóbrega (1988), porém, transformou-o numa versão portuguesa, que consistia em criar uma territorialidade específica (a aldeia – nome com que passaram a ser chamadas as comunidades indígenas) e nela proteger o índio, como se este fosse um português, ou seja, integrá-lo ao corpo político e místico de Portugal. Isso significava que todo índio que passasse a viver nas aldeias seria um "cidadão" português, incidindo sobre ele a lei natural e civil vigente em Portugal. Tratava-se de um *plano civilizador*, nome dado por Nóbrega à sua carta de 1558, enviada ao Provincial de Portugal, que consistia em proteger o índio contra a escravidão. Em contrapartida, o índio deveria oferecer obediência à Igreja e à Coroa portuguesa.

O aldeamento servia também, caso o índio desobedecesse às leis., para executar, legalmente, as punições previstas (por exemplo, açoites, enforcamentos e encarceramento), mas, fundamentalmente, para declarar guerra justa contra os próprios índios que não participassem desse aldeamento. Caso esses "índios externos" ofendessem qualquer um que morasse no aldeamento, receberiam as punições cabíveis. Assim, o senhoreamento e o aldeamento nada mais eram do que impor um "protetor" (senhor) para comandar a vida dos índios dentro de um "território português". Enfim, serviam para impor-lhes as leis do Estado, da Família e de Deus, ou seja, destruir os seus antigos laços parentais, divinos e de autoridade terrena.

Por fim, ocorre a captura dos meninos ou recolhimento dos meninos dos gentios. Esse tipo de captura era tido pelos padres como a forma mais radical de se povoar a terra; dessa vez infalível, pois as crianças seriam modificadas na tenra idade e seriam apagados de sua mente todos os seus genuínos elementos culturais. O plano inicial era recolher os meninos, mais tarde as meninas, para enfim juntá-los – isto é, casá-los –, o que não ocorreu devido aos contratempos da época, como a recusa de financiamento desse empreendimento pela Coroa portuguesa. Contudo, trata-se de uma pretensão religiosa que desejava repetir, conforme Nóbrega (1988), o chamado dos escolhidos de Deus, convidados às bodas de seu filho Jesus, a participarem da grande verdade Católica, como forma de civilizar o mundo e de criar na mente da nova geração (os meninos) um novo homem, longe de suas antigas práticas e "maus costumes".

Em resumo, o matrimônio, o senhoreamento e o recolhimento dos meninos compunham o amplo discurso da captura que se desenvolvia no interior da catequese e da própria colonização, produzindo um tipo específico de povoamento. Isso nos permite avaliar a colonização um pouco diferentemente de como o fez Prado Junior sobre essa matéria. Diz o autor: "Em suma e no essencial, todos os grandes acontecimentos desta era, que se convencionou com razão chamar dos 'descobrimentos', articulam-se num conjunto que não é senão um capítulo da história do comércio europeu" (1942, p. 22). É nossa opinião que quem tiver interesse em melhor compreender aquilo que se chamou de "descobrimentos" ou de "colonização", "aculturação", "catequese" e mesmo de "comércio europeu" deve mesmo se interessar pela própria história da captura ou recolhimento dos homens e, em especial, daquela realizada nas terras brasílicas, porque foi aqui nos trópicos que os europeus encontraram o tal *estado de natureza*, com criaturas "horrendas", sem lei, rei ou fé.

Com isso, queremos dizer que a captura possui uma história complexa; não é, necessariamente, um apêndice da história do comércio europeu e nem da colonização ou do descobrimento. Ela é uma experiência produzida ao longo dos tempos e que ganhou no período da expansão marítima um aspecto extremamente relevante: o de capturar o sujeito para encapsulá-lo nas vontades do outro, a fim de traduzir no corpo alheio as marcas de uma só vontade. Daí por que capturavam-se os negros e os índios para o trabalho escravo, as mulheres para o casamento ou para trabalhos domésticos, os órfãos de Portugal para servir de escudo religioso, os meninos e rapazes indígenas para melhor apagar uma cultura dita arcaica, enfim, capturavam tudo que estivesse ao seu alcance. Além disso, é claro, capturavam-se especiarias, objetos, ouro, prata, diamantes e tudo que lhes parecessem razoável como forma de acumulação de riquezas. É possível que, por este último aspecto da captura, como foi o caso de Prado Junior (1942), alguns historiadores tenham limitado as histórias das capturas à história da expansão do comércio europeu, mas assim não o cremos. A captura de pessoas e de coisas com objetivo de eliminar suas diferenças e origens parece ter dominado a cultura da modernidade. Nesse sentido, não apenas se capturava para a exploração comercial, mas também para criar novos vínculos sociais, com fins da eliminação da diferença.

A catequese como forma de captura

Paiva (1982, p. 51) caracteriza a catequese como sendo "toda a ação pastoral da Igreja: a doutrinação expressa, a prática devocional e o próprio comportamento dos cristãos". A doutrinação expressa é a divulgação da obra evangelizadora; a prática devocional é tudo aquilo que materializa a evangelização, como missa, comunhão, confissão, batismo, crisma, casamento, etc.; e, por fim, o comportamento dos cristãos que diz respeito a ações devotadas à doutrina.

Essa forma de caracterizar a catequese apenas esclarece a sua analítica formal, ou seja, informa o seu vocabulário e seus respectivos significados. Fornece também uma interpretação das frases do falante – aqui, trata-se das falas/escritas feitas pelos jesuítas em suas cartas – e busca uma certeza sobre o verdadeiro sentido da referida ação. Paiva superou esse tipo de análise sobre a catequese em outros escritos seus.

Contudo, gostaríamos de reiterar a crítica sobre a análise formal e interpretativa de uma prática qualquer, nesse caso representada pela prática da catequese. Esse tipo de análise, em geral, não esclarece como o sujeito se permite ou não se sujeitar a uma certa imposição; não esclarece com qual vontade ou desprazer o catequizado participa moralmente desse processo e nem as alterações que sofre o catequista ao realizar a catequese. Assim, o resultado que esse tipo de análise do discurso produz sobre a catequese fica restrito apenas a uma imposição de valores sobre valores.

Ao se tomar a catequese apenas como uma imposição de valores sobre valores, considera-se que o processo de "ensino-aprendizagem", embutido nessa atividade, está sempre sob a égide da relação opressor (jesuítas)/oprimido (índios), cuja solução seria um contrato social (o Estado) que eliminaria a opressão, caracterizada pelo abuso do poder do dominador sobre o dominado. Do ponto de vista das ordens religiosas, essa forma de compreender a catequese pode, embora não acreditemos nisso, valer para as práticas dos franciscanos e dos dominicanos, pois, segundo Eisenberg (2000), verificava-se nelas mais a aplicação de regras a serem seguidas pelo praticante do que regras a serem produzidas ou construídas localmente.

O que importa aqui é dizer que a interpretação da relação opressor-oprimido, regulada por um contrato, remonta às teorias do contrato social, a partir do qual se quer, a todo custo, um arbitrário cultural (a civilização) para separar o que é civilizado da natureza primitiva do homem. Afirma Eisenberg (2000) que mesmo antes de Hobbes ou Rousseau, a noção do estado de natureza já era presente em Juan de Mariana, teólogo jesuíta do século XVI, para quem o "medo é o sentimento que leva o homem natural a constituir a autoridade política e, dessa maneira, esse consentimento, por originar no medo e não na coerção, é não somente a causa eficiente daquela autoridade, mas também sua fonte de legitimidade" (p. 117).

Deve-se notar que no século XVI vê-se, cada vez mais, a noção de estado de natureza sendo utilizado pelos jesuítas como forma de definir um estatuto diferente entre os povos. Estatuto que prezava entre outras dualidades aquelas que remetiam a ideia de forte ou fraco, humano ou desumano, cruel ou bondoso, pagão ou cristão e, por fim, selvagem ou civilizado, para fins de dominação cultural. Segundo Foucault (1999), acreditar que o Estado (sustentado na figura do soberano) viria para garantir a paz ou para regular ou extinguir a guerra entre selvagens e civilizados é pura ilusão, pois o Estado, na visão do filósofo, não está para suspender a guerra, senão para pô-la em movimento.

Embora seja difícil fugir da analítica formal do discurso e da interpretação das frases do falante – sobretudo nesse tipo de estudo, em que as fontes são bem escassas –, é interessante voltarmos nossos esforços para um outro tipo de análise que, no mínimo, dê conta de perceber a prática discursiva em movimento e não estática, o que significa buscar, de outra forma, as manifestações de vontade ou de desprazer às quais o subordinado está submetido. Por prática discursiva entendam-se as regras pelas quais os sujeitos se impõem e impõem algo ao outro no momento do discurso. No caso da catequização indígena, deve-se verificar quais eram as atividades ético-morais a que ambos, catequizados e catequistas, estavam sujeitos e desenvolviam no momento em que se submetiam aos discursos. Isso equivale dizer, como destaca Bittar e Ferreira Jr. (2004), tomando de empréstimo a reflexão de Alfredo Bosi, que

> O projeto de transpor para a fala do índio a mensagem católica demandava um esforço de penetrar no imaginário do outro [...] Ora, como dizer aos tupis a palavra "pecado" se eles sequer tinham noção dele? Anchieta vai então adaptando as figuras mitológicas dos índios às representações cristãs, vai criando um imaginário estranho, sincrético, no qual, por exemplo, bispo é pai-guaçu, pajé maior; igreja é tupãoka, casa de tupã; demônio é anhangá, espírito errante; para anjo, Anchieta cunhou o vocábulo karaibebê, profeta voador. Por isso, conclui Bosi, "a nova

representação do sagrado assim reproduzida já não era nem a teologia cristã nem a crença tupi, mas uma terceira esfera simbólica, uma espécie de mitologia paralela que só a situação colonial tornara possível" (p. 181).

Depreende-se, pois, que não se deve nem se limitar a uma das polarizações rígidas da imposição (jesuítas/índios), nem a um conteúdo verdadeiro sobre o "fato" (catequizar), nem a um significado profundo do discurso catequético (doutrinar). Não é, portanto, nem a questão do não dito, nem do sobredito, nem de descobrir as entrelinhas da catequese, mas "simplesmente" de se verificar sob quais formas heterogêneas índios e jesuítas elaboravam uma verdade sobre si mesmos.

Se for verdade que a catequese também pode ser analisada a partir da indicação acima, podemos então substituir, no ato da catequização, aquela relação de equação "opressor – oprimido = contrato" pela equação "luta – submissão = saber", cujo resultado será a produção de uma verdade de si e do outro. Só assim a catequese pode ser vista como forma de captura. Se a captura não é escravidão, se os jesuítas realizam uma conversão branda, por vezes amorosa, a catequese também não poderia se sustentar numa relação violenta, e sim discreta. Acredito que a última relação acima anunciada nos ajuda a encontrar as diversas formas de educar ou governar o outro no campo pedagógico. Consideramos que relação pedagógica atual nasce desse passado catequético, embora já transformada, mas que não se dá exclusivamente pela equação "opressor (professor) - oprimido (aluno) = contrato (escola)", mas, necessariamente, pela segunda, pois, em termos educacionais, ninguém ensina o outro se o outro não permitir; além disso, ao ensinar o outro, produzimos uma verdade sobre ele e, ao mesmo tempo, sobre nós mesmos. Talvez isso dê sentido a tão protelada frase de Guimarães Rosa: "Mestre é aquele que de repente, aprende".

Deve-se deixar claro, obviamente, que tal como nos dias de hoje, havia nos tempos coloniais as imposições dos valores dominantes sobre os valores dos colonizados. Porém, supor que os nossos índios não conseguiram impor nenhum valor ao português é ultrajante para uma nação que era guerreira. Descartar essa possibilidade é, seguramente, um desastre total para a memória de um povo, que, no auge da sua luta, demonstrou sua resistência ao invasor. Aliás, deve-se mesmo afastar essa hipótese, porque, para a nação Tupinambá, por exemplo, o fato de ela não conseguir impor a verdade de seus ancestrais ao seu inimigo é, sem sombra de dúvida, causa de desonra e vergonha.

Considerações finais

Nossa opção pela segunda equação catequética (luta – submissão = saber/verdade) baseia-se na reflexão de Eisenberg (2000), para quem a ação catequética dos jesuítas resultava em (diferentemente das práticas dos franciscanos e dos dominicanos) – a custo de muitos cuidados – inúmeras práticas locais, portanto, específicas ou totalmente novas dentro do que se permitia fazer em matéria de conversão. A realidade local (indígena) que sustentava essa catequese levava os próprios irmãos da Companhia e, por conseguinte, os índios a uma exigente capacidade de autogoverno, que demandava práticas de consentimento controlado, levando-os a fazerem as "escolhas certas". Devido à distância entre Brasil e Portugal e às dificuldades de comunicação próprias da época, os jesuítas desenvolviam neles mesmos a capacidade de compreender os contextos locais e ajustá-los, não necessariamente à teologia, mas à moral, e foi isso que os levou a se adaptarem às condições de vida e da moral indígena. Por exemplo, Nóbrega permite a prática de confissão do gentio por meio de intérpretes, o que seria um contrassenso dentro da doutrina, já que a confissão é um segredo. Há nesse caso uma espécie de "razão prática" sobre os problemas cotidianos que exigia uma autonomia por parte do praticante.

Essa é a razão que muitos estudos vão sugerir para o fato de que os jesuítas não abandonaram de imediato os valores indígenas, pelo contrário, sustentaram-se neles o quanto puderam para, enfim, descartá-los ou transformá-los. Muitos exemplos disso podem ser citados, como é o caso de se ensinar aos jesuítas da época a língua tupi, em vez do latim ou mais tarde do grego; fazer teatro com a língua tupi, com instrumentos musicais da cultura indígena; realizar festas populares (embora proibidas pela Igreja) para melhor reter a participação dos índios e assim catequizá-los ou ganhar sua amizade; conservar as danças das crianças indígenas, fazendo delas a porta de entrada dos elementos cristãos.

Na verdade, a catequese realizada no Brasil representava, de alguma forma, o grande empreendimento inaciano denominado pelos seus seguidores como o "nosso modo de proceder" (*noster modus procedendi*), que, por assim dizer, era uma resposta, segundo Eisenberg, "dos movimentos de reforma da religiosidade cristã que ocorreram dentro da própria Igreja Católica" (2000, p. 27).

De acordo com o mesmo autor, os inacianos definitivamente inovaram as práticas de conversão iniciadas pelos franciscanos e dominicanos.

Enquanto estes prezavam pelas práticas monásticas, ou seja, de enclausuramento e introspecção, os inacianos buscaram mobilidade e o exercício da prudência como forma de autonomia frente aos problemas da conversão. Porém, é claro, não desobedeceram ao Papa e nem a Deus, mas também não se subordinaram tanto, sobretudo porque havia formas de corrigir os possíveis erros de suas escolhas. Eis o papel das penitências e jejuns, dentre outros.

São por essas razões que preferimos justificar a catequese realizada no Brasil como de luta – submissão = verdade. Nessa equação, acreditamos que o indivíduo submetido à catequese estaria de alguma forma envolvido com a verdade anunciada, ao mesmo tempo em que era descrente o suficiente para rejeitar a parte dela que não o interessava. Frente às rejeições que as crianças faziam, os padres tinham que inventar outras formas de convencimento, e as crianças, outras formas de aceitação ou rejeição. Seguramente, a não aprendizagem do índio não significava ausência de entendimento daquilo que se ensinava, mas sim rejeição total ou parcial daquilo que se propunha.

O procedimento da catequese inaciana corrobora com aquilo que a pouco chamamos de captura das mentes e culturas, pois se dá no ajustamento e desajustamento da prática ético-moral do capturado. Além disso, tal procedimento apoia esse outro olhar sobre a catequese, conforme explicitado. Uma vez liberada da noção de contrato social, a catequese pode, agora, compor o quadro da colonização mais densamente, razão pela qual os historiadores (da escravidão) acusarão "os jesuítas de levantarem-se, em vão, contra a escravização dos indígenas, tanto na América espanhola quanto na portuguesa, mas omitirem-se em relação ao cativeiro dos negros" (NEVES, 1996, p. 73). Ora, isso prova que alguns poderiam ser escravizados e todos capturados. Quando a escravidão e a catequese são vistas apenas sob a equação opressor - oprimido, na verdade, estamos mostrando apenas a parte visível da captura.

Para finalizar, acreditamos que a captura (entendida como anulação do outro ou como um poder sobre o corpo do outro) foi, de algum modo, o nascimento moderno da atual moral dos homens, ou seja, da forma pela qual os homens passaram a se relacionar consigo mesmos e com os demais. Foi a captura, talvez, que possibilitou as condições de instalação do próprio capitalismo. Tratou-se de uma espécie de "substância ética", no sentido foucaultiano, vivida naqueles tempos e que estava longe de se extinguir. A captura nos séculos anteriores à expansão ultramarina não parecia ser como esta que os índios viveram no século XVI. Antes disso, parecia ser mesmo uma prática imoral, absurda e desprezível, e não uma ética desejada, trabalhada, refinada como se tornou de lá pra cá. De coisa indesejada, absurda e imoral dos séculos anteriores, a captura passava para algo legal, ético, jurídico e religiosamente permitido; daí por que a captura dos índios feita pelos demais colonizadores era denunciada pelos jesuítas como uma imoralidade, ao mesmo tempo em que praticavam-na moralmente. Sob o nome de "pilhagem", os jesuítas abominavam-na. Sob o nome de Deus ou do chamado ou do convite divino, adoravam-na e adotavam-na. Diziam os padres que os brancos enganavam os índios para tomarem ou roubarem os seus filhos, suas mulheres e outros parentes. Entretanto, eles próprios cometiam capturas semelhantes, porém "menos sangrentas", mas nem por isso menos brutais, a ponto de transformar seu sentido perverso ou imoral num sentido desejado e moral, insistentemente, segundo suas cartas, pedido pelos índios.

Assim, podemos dizer que o Brasil já se inaugura sob a égide da captura. Tanto é verdade que os índios logo entenderam que a captura era a forma como os europeus negociavam comercial e moralmente. Perceberam que eles traficavam os produtos alheios da mesma forma que conduziam a sua ação moral. Praticavam pilhagens e capturas para escravizar homens, meninos e mulheres sem nenhuma culpa pecaminosa ou jurídica. O melhor exemplo disso é a introdução na mentalidade indígena do imperativo jurídico, do direito positivo, que permitia ao pai vender o filho e de vender-se a si mesmo.

Enfim, se por um lado a comercialização dos produtos espontâneos – transportados pelas caravelas portuguesas – e a vinda de homens, mulheres e crianças para ocupar o solo brasileiro concretizavam um tipo de captura, a do povoamento, por outro, a construção dos colégios ou das casas para recolher os filhos dos gentios e os casamentos arranjados realizados pelos jesuítas eram a maneira pela qual se concretizavam as capturas das mentes. Dessa forma, a construção dos colégios para fins de catequização não era apenas uma exigência natural, mas algo que naquele momento aparecia como uma estratégia nascida por esse gosto pela captura.

Desejamos que a reflexão aqui feita sirva de base para novos estudos, mas, sobretudo, nos ajude a reexaminar o nosso discurso pedagógico de cada dia. Afinal, todo discurso pedagógico possui uma história, ele não é apenas a vontade incomensurável de ajudar o outro a ler e escrever; ele não é apenas bondade gratuita; ele constrói e distribui formas de consciências; ele se articula aos planos estratégicos de estado, da religião e da ciência. Enfim, ele põe em movimento a prática ético-moral de seus submetidos, enquanto produz verdades e formas de controle e poder que só agiram a partir dessas verdades-poderes. Afinal, "nenhum saber é construído sem um sistema de comunicação, de registro, de acumulação, de deslocamento, que é em si mesmo uma forma de poder e que se liga a outras formas de poder" (FOUCAULT, 1997, p. 19). A relação é perpétua, "não é possível que o poder se exerça sem saber, não é possível que o saber não engendre poder" (FOUCAULT, 2000, p. 142).

Referências

FERNANDES, F. *Organização social dos Tupinambá*. 2. ed. São Paulo: Difusão Européia do Livro, 1963.

FERREIRA JR., Amarilio; BITTAR, Marisa. Pluralidade lingüística, escola de bê-á-bá e teatro jesuítico no Brasil do século XVI. *Educ. Soc.*, Campinas, v. 25, n. 86, 2004. Disponível em: <http://www.scielo.br>. Acesso em: 10 mar. 2010.

EISENBERG, José. *As missões jesuíticas e o pensamento político moderno: encontros culturais, aventuras teóricas*. Belo Horizonte: Ed. UFMG, 2000.

PAIVA, José. *Colonização e Catequese 1549-1600*. São Paulo: Autores Associados/ Cortez, 1982.

FOUCAULT, M. *Historia da sexualidade 2 – o uso dos prazeres*. Rio de Janeiro: Graal, 2003.

FOUCAULT. M. *Em defesa da sociedade*. São Paulo: Martins Fontes, 1999.

FOUCAULT. M. Teorias e instituições penais. In: *Resumo dos cursos do Collège de France (1970-1982)*. Rio de Janeiro: Jorge Zahar, 1997.

FOUCAULT. M. *Microfísica do Poder*. 15. ed. Rio de Janeiro: Graal, 2000

PRADO JUNIOR, C. *Formação do Brasil contemporâneo – colônia*. São Paulo: Brasiliense, 1979

NEVES, M. F. R. *Documentos sobre a escravidão no Brasil*. São Paulo: Contexto, 1996.

NÓBREGA, M. *Cartas do Brasil, 1549-1560*. Belo Horizonte: Itatiaia; São Paulo: EDUSP, 1988.

RAJCHMAN, J. *Foucault: a liberdade da Filosofia*. Rio de Janeiro: Zahar, 1985.

Vozes ocidentais e da periferia: algumas reflexões em torno do diálogo a instaurar na pesquisa sobre África

José de Sousa Miguel Lopes

> *[...] trata-se de quebrar o muro de preconceitos e ignorância que foi erigido pela escravidão em torno das questões atinentes à África e que, ainda hoje, em pleno século XXI, continua de pé, emperrando a convivência democrática [...].*
>
> CARLOS MOORE

Os pesquisadores africanos estão destinados, por sua situação de intelectuais educados à sombra do Ocidente,[1] a adotar uma perspectiva essencialmente comparativa. Mesmo que estejam analisando suas próprias tradições, é fatal que eles as vejam no contexto das culturas europeias (e amiúde islâmicas), bem como de outras culturas africanas. Não há quem se satisfaça em celebrar sua própria tradição, sabendo que ela faz afirmações incompatíveis com outros sistemas, sem começar a se indagar qual dos sistemas está certo sobre quais questões. O hibridismo de que sou portador, resultado de fortes marcas culturais europeias e africanas que fui incorporando ao longo de minha trajetória de vida, talvez possa ter contribuído, em alguma medida, para facilitar (ou complicar) tal análise comparativa, atenuando (ou reforçando) essas inquietações.

Parto do pressuposto de que as análises sobre as sociedades africanas precisam ser realizadas, fundamentalmente, numa perspectiva relativamente ampla da realidade, tentando articular o político, o econômico e o

---

[1] Utilizamos os termos "Ocidente" e "África", apesar do seu caráter globalizante, por comodidade. É evidente que cada uma dessas entidades é diversa e não seria possível resumi–las numa única designação. O continente negro, como a Europa, compreende sociedades muito distintas. Em compensação podem-se caracterizar situações culturais e políticas que se diferenciam e se opõem historicamente (LOPES, 2008, p. 31).

social, tendo em atenção os próprios parâmetros históricos da sociedade e buscando ser crítico tanto aos postulados ocidentais quanto aos africanos.

Com base no exposto, vou procurar sistematizar neste trabalho reflexões sobre as condições que devem ser tomadas em conta, ao se realizarem pesquisas sobre África. Elas podem aplicar-se, grosso modo, a quaisquer outras pesquisas sobre outras regiões do mundo. No entanto, pensamos colocar a ênfase em certas especificidades, tendo em conta alguns dos equívocos que têm sido produzidos ao longo do tempo, equívocos esses resultantes de concepções estereotipadas produzidas a partir de vozes ocidentais.

Para início de minha digressão, abordo, ainda que sumariamente, a perspectiva afro-pessimista que foi instaurada ao longo do tempo por inúmeros pesquisadores ocidentais e que, em alguma medida, acabaram "contaminando" os próprios pesquisadores africanos. Em seguida, defendo um diálogo permanente entre os vários campos do saber, mas tomando, como referência básica, a ciência antropológica, área de enorme relevância para estudar uma tão diversa realidade cultural. Em seguida, lançarei mão de três exemplos em que os ruídos de comunicação se têm revelado mais frequentes: a natureza do Estado-Nação na África, os fortes traços de oralidade presentes nas sociedades africanas e o interminável debate entre a tradição e a modernidade. Finalizo com a necessidade de se instaurar um frutuoso diálogo entre as vozes ocidentais e as africanas.

O afro-pessimismo dos estudiosos ocidentais

O chamado afro-pessimismo, isto é, a incapacidade dos africanos em gerir a sua modernidade, é uma designação atrás da qual se escondem, envergonhados, alguns dos teóricos, sobretudo os ligados a agências multilaterais de "ajuda ao desenvolvimento", como o FMI e o Banco Mundial, que foram, em grande parte, responsáveis pela situação calamitosa em que África se encontra. Esse afro-pessimismo é o herdeiro do paternalismo eurocêntrico dos anos 1970 e 1980, das receitas hipócritas dos países (pre)dadores convertidos depois, nos anos noventa, ao pensamento único neoliberal. Concluíram, então, e disso convenceram a maioria incauta, que o atraso e a pobreza em África são endêmicas, uma espécie maldição de que os africanos não conseguirão libertar, enredados num círculo vicioso de pobreza-violência-ditadura-pobreza. Nesse ponto de vista, a solução passaria por uma "nova colonização" que possibilitasse impor estruturas que os povos se revelaram como incapazes de conceber eles mesmos. Não chega a ser surpreendente que ocorram esses tipos de análise, se não perdermos de vista que elas têm em conta apenas o presente imediato. Os assuntos africanos são interpretados essencialmente por economistas, juristas, políticos, sociólogos e jornalistas, quer dizer, pessoas cuja profissão e técnicas procuram explicar apenas o tempo presente. No entanto, é evidente que hoje a situação do continente não é mais globalmente catastrófica; num curto espaço de tempo pode-se vislumbrar como a situação evolui de modo positivo, quer se trate da área política, quer da área produtiva, quer da área demográfica.

Em curto prazo, o quadro africano parece tão sombrio que se pode compreender a angústia dos observadores. Mas ele é unívoco, estático e parcial, por várias razões: por um lado, as estatísticas globais apresentadas pelos organismos internacionais e, sobretudo, privilegiadas pelo desejo de simplificação da mídia não levam em conta as disparidades regionais que podem ser enormes. O que há de comum, na verdade, entre um país inteiramente desértico, ou quase, como a Mauritânia, com um outro densamente coberto pela floresta equatorial, como o Gabão, ou ainda com aquele detentor de um capital de riquezas minerais e industriais incomparáveis com quaisquer outros, como a África do Sul e, em certa medida, a Namíbia que, por outro lado, tem condições ecológicas e humanas muito diferentes? Que há de comum entre um país minúsculo (26.000 km^2) e inteiramente agrícola, ou quase, como o Ruanda, e um país enorme e povoado por mais de cem milhões de habitantes, como a Nigéria, cujo potencial industrial e portuário é considerável?

Uma última razão, que resulta das precedentes, revela que é em função de análises imediatistas – que ignoram ou negligenciam o *fator tempo* – que acaba se verificando a incapacidade em dar conta da complexidade do problema em questão. A evolução política africana contemporânea não engloba um único tempo; ela se refere às diferentes dimensões do tempo interligadas. Dito de outro modo, o tempo não se reduz àquele da observação política das estruturas do poder. Três tempos se completam, interferem e entram permanente em ressonância uns com os outros. Eles multiplicam assim o risco de choques e crises, tanto mais que o seu ritmo não é sincrônico: é o tempo da construção do Estado, o tempo de vida das etnias e o tempo da ideologia nacional. Em resumo, o afro-pessimismo é só a má-consciência que não ousa dizer o seu nome.

O diálogo entre os vários campos do saber

Embora priorize autores como Carlos Moore, Ferrán Iniesta, Jacques D'Adesky, que, em alguma medida, estão próximos de um marxismo crítico, isso não constitui obstáculo para escutar outras "vozes", na perspectiva de promover um diálogo com as diferenças. Assim, procuro "conversar" com autores provenientes de vários campos de saber (Antropologia, História, Educação, Sociologia, Ciência Política, Filosofia, Literatura...) na busca de uma interdisciplinaridade que possa clarificar as várias facetas da pesquisa. Como salienta António Nóvoa (1998, p. 19), com toda a pertinência:

> Hoje, o mais estimulante ocorre nas fronteiras, nos espaços de transgressão disciplinar e de fertilização entre diferentes campos científicos, o que exige o recurso a uma panóplia diversificada de ferramentas teóricas e metodológicas.

Hoje, em todos os domínios, se impõe cada vez mais a necessidade de equipes interdisciplinares em que cada um dê o seu contributo para o campo comum, enquanto a globalização dos processos exige uma análise comparativa sistemática: é necessário assegurar o constante vaivém entre o local e o mundial, a fim de realizar a partilha entre as especificidades do terreno (que cada área cultural coloca em pauta) e as análises sociais de cunho universal (nas quais os especialistas correm o risco de tomar a parte pelo todo). É por isso que todos nós, qualquer que seja a nossa disciplina (Educação ou Antropologia, História ou Sociologia, Filosofia ou Ciência Política...), não podemos considerar-nos como se fôssemos o centro do mundo, mas devemos fazê-lo como sujeitos que procuram manter o interesse pelo ser humano, colocando-o a cada momento em seu contexto, em sua circunvizinhança e em seu sistema de compreensão particular.

É preciso que cada um de nós mantenha a sabedoria de admitir que, nunca como agora, se fez presente uma tão grande necessidade de diálogo e de contribuições de todos os outros campos do saber, ao mesmo tempo em que é necessário reconhecer humildemente que o enciclopedismo originado na Renascença não pode mais configurar-se à escala de um único indivíduo, mesmo que ele esteja doravante assistido por apoios eletrônicos...

A importância da faceta antropológica na pesquisa em África

Face à diversidade cultural africana (54 países, com diversas línguas, religiões, formas de organização social, etc.) um trabalho de pesquisa no universo africano exige que, num número significativo de casos, se deva tomar em atenção a ciência antropológica. Trata-se de um recurso precioso, não somente porque ela permite aprofundar a problemática de culturas diferentes na sua estranheza (mesmo que isso possa ser considerado pouco relevante), mas também porque, graças às técnicas de "desfamiliarização" que a caracteriza, ela ajuda a pôr em causa os postulados globalizantes que, de modo crescente, condicionam a tomada de decisões políticas. Essa atitude crítica necessita de um esforço deliberado para visualizar a Antropologia naquilo que, na sua própria história, a prendia ao nacionalismo, ao colonialismo e à vontade de hegemonia econômica planetária. Como os próprios antropólogos afirmam, não hesito em reconhecer que sua epistemologia tem uma origem profundamente "ocidental" – primeiro passo necessário à instauração de um mínimo de distanciamento crítico; por outro lado, não se deve ignorar que a adesão da Antropologia a certos esforços iniciais de desenvolvimento conduzidos nos países da periferia do sistema era sustentada por concepções bem particulares de ordem e racionalidade.

À medida que os antropólogos cessaram de considerar a Antropologia como uma disciplina que tinha como objeto de estudo exclusivo o "Outro Exótico", foram igualmente confrontados com os aspectos cosmológicos ou simbólicos de sua própria racionalidade presumida, constatando, assim, que se torna cada vez mais difícil manter a fronteira entre "eles" e "aqueles pertencentes a outros campos do saber".

A meu ver, a Antropologia tem um papel importante a desempenhar no sentido de valorizar o potencial mundial de saberes locais, procurando deliberadamente fixar sua atenção nessa valorização, sem a qual, ao contrário, ela corre o risco de contribuir para tornar o saber das sociedades periféricas mais local e ainda mais invisível.

Se for verdade que a modernidade está em permanente construção, é razoável imaginar que ela alcançará um dia uma nova base de existência e permitirá uma rearticulação significativa da subjetividade e da alteridade nas suas dimensões econômicas, culturais e ecológicas. Na África, como em numerosas regiões do mundo, assistimos a um movimento histórico sem precedentes no campo econômico, cultural e ecológico. Devemos interrogar-nos sobre as transformações políticas e econômicas que poderiam transformar esse movimento numa promissora virada na história social das culturas, das economias e das ecologias. Na teoria, como na prática, e na verdade atuando sobre os dois aspectos simultaneamente, a Antropologia poderá dar uma contribuição importante nesse exercício de imaginação.

Encontramo-nos num momento da história mundial no qual as velhas certezas que constituem a nossa modernidade – no que se refere ao progresso, laicidade, nação, cultura, etc. – estão praticamente desintegradas, e o vocabulário conceptual, através dos quais os novos futuros possíveis poderiam ser pensados, está longe de ser claro. Atravessamos um dos "interregnos" de que falava Gramsci (*apud* ANDERSON, 1986, p. 15), ou seja "A crise consiste precisamente no fato de que o velho está morrendo e o novo ainda não pode nascer. Nesse interregno, uma grande variedade de sintomas mórbidos aparecem". Nada mais atual e mais universal. Aplica-se perfeitamente ao cenário a que temos assistido, no qual o esfacelamento das bases de um sistema financeiro calcado numa ética elástica e imediatista põe em evidência os valores da ordem vigente e obriga a uma reflexão profunda sobre os novos caminhos da organização econômica.

Consequentemente, o desafio perante o qual se confronta uma Antropologia crítica, enraizada no mundo – numa sociedade moderna na qual nada, exceto a mudança, é permanente – diz respeito aos meios de tomar consciência desse fato, de se modificar ela própria (modificando seus objetos, suas questões de base, seus polos conceptuais), a fim de contribuir mais eficazmente num debate comprometido com o presente.

Como seus antepassados, os africanos atualmente nascem e vivem dentro de culturas e tradições particulares; a grande diferença está na sua exposição a sistemas de valores heterogêneos e na oportunidade de vivenciá-los. Através da urbanização crescente, as sociedades africanas de hoje convivem com a globalização associada à economia transnacional, às novas tecnologias e às trocas culturais proporcionadas pelos meios de comunicação de massa e pelas migrações internas e externas. Uma grande parte dos africanos contemporâneos faz parte, como tantos outros, dessas sociedades complexas, não apenas na África, mas também na Europa e nas Américas. Ao contrário de seus antepassados, associam-se mais às cidades e, por conseguinte, experienciam um vasto campo de possibilidades: é no ambiente das grandes metrópoles, marcadas pela heterogeneidade cultural e diversidade social (*status*, etnia, ocupação), que se torna possível a coexistência de diversos estilos de vida e de visões de mundo.

Se nesse quadro nós não mais pensarmos as relações entre as culturas e seus partidários como perfeitamente contíguas, totalmente sincrônicas, totalmente correspondentes, mas pensarmos as culturas como permeáveis e, no geral, como fronteiras defensivas entre estados, surge uma situação mais promissora. Assim, considerar "os outros"não como determinados ontologicamente, mas constituídos historicamente, significaria minar as tendências exclusivistas que nós frequentemente atribuímos às culturas, inclusive à nossa própria. As culturas podem, então, ser representadas como zonas de controle ou de renúncia, de lembrança e de esquecimento, de força ou de dependência, de exclusividade ou de comunhão, tudo isso acontecendo na história do mundo, que é o nosso elemento.

Três exemplos nos quais os ruídos de comunicação se têm revelado mais frequentes

A construção do Estado-Nação na África

Como se pode constatar nos modelos aplicados até ao momento por todo o continente, a construção do Estado-Nação na África tem-se pautado pelo modelo ocidental. A questão que se coloca é se é correto seguir esse modelo, ou se, pelo contrário, dado o contexto histórico em que ele se constituiu, exige-se que se busquem outras formas para a sua edificação. Lars Rudbeck (1989), por exemplo, acha excessivo pretender que os africanos de hoje sejam obrigados a, ou mesmo que eles o desejem, a repetir as etapas da história europeia (comunidade primitiva, escravismo, feudalismo capitalismo), a fim de desenvolverem suas forças produtivas e elevar o seu nível de vida. O autor vai mais longe quando questiona o aparelho estatal que foi deixado pelas potências coloniais.

> O pluralismo cultural e nacional das sociedades africanas, os Estados fracamente enraizados por uma legitimidade integrativa, o estatuto periférico no mercado mundial - não indicará tudo isso, pelo menos em longo prazo, soluções mais democráticas, cada vez mais descentralizadas e mais supra-estatais que a versão do Estado-Nação, herdada do colonialismo? (RUDBECK, 1989, p. 10).

J. d'Adesky (1987) sustenta a mesma opinião, afirmando que o Estado-Nação na África distinguiu-se da experiência europeia, na medida em que o traço mais marcante das relações internacionais mostra que os Estados periféricos se encontram inseridos em um sistema de dependências econômicas, políticas, etc., que os impedem de se autodeterminarem livremente. Segundo ele: "O modelo exógeno jacobino, a partir do qual o Estado-Nação africano é, em parte, concebido, desembarca na perda de identidade e se arrisca a fazer dessas sociedades excrescências caricaturais e inacabadas das sociedades ocidentais" (D'ADESKY, 1987, p. 38). Ou seja, tratar-se-ia de um modelo radicalmente novo, transplantado a partir de fora, instaurando um corte na história, dando à luz o "homem novo".

Nessa linha de pensamento, J. d'Adesky (1987), inspirando-se em Jean Ziegler (1972), alerta-nos para o fato de que a estruturação das nações na África subsaariana seguiu um processo distinto da constituição das nações europeias. Nestas, a burguesia foi o agente da construção nacional antifeudal, enquanto que em África o agente desse processo será o movimento de libertação anticolonial, em cuja liderança se encontrará, juntamente com os representantes da tradicional classe dirigente autóctone, os elementos de uma burguesia nascente. Portanto, o moderno Estado africano nascerá do combate anticolonial e não da luta contra o feudalismo autóctone.

A lenta tomada de consciência de uma identidade comum nacional, que a presença colonial favorecerá num primeiro momento, logo aparecerá como um dos objetivos prioritários das novas classes dominantes africanas oriundas da descolonização. O Estado nacional será concebido como a emanação de todo o povo, à medida que, segundo a concepção mais generalizada, as populações colonizadas sejam vistas como vítimas de uma forma indiferenciada de dominação estrangeira. O Estado devia encarar o povo vitorioso na sua luta contra o colonialismo (D'ADESKY, 1987, p. 38).

Os fortes traços de oralidade das culturas africanas

Os fortes traços de oralidade das culturas africanas são um campo fértil de controvérsias. Apesar de numerosas fontes falarem acessoriamente das representações culturais da sociedade africana, e porque uma grande parte das informações são provenientes de fontes europeias, um problema extremamente importante emerge, pois trata-se de fazer reviver uma visão de mundo que se transmitia oralmente, não deixando, assim, traços escritos diretos. Nessas culturas, os seres humanos aprendem muito e possuem grande sabedoria, mas não estudam. Como reúnem material organizado para que possa ser recordado? Como se torna possível trazer à memória aquilo que se prepara tão cuidadosamente? A única resposta é: pensar coisas memorizáveis. O discurso oral, de um modo geral, tem na repetição uma de suas marcas mais peculiares. É comum atribuir-se o fenômeno à necessidade de reforçar a informação contida numa mensagem que se desenvolve linear e irreversivelmente na cadeia do tempo e que, por esse motivo, não permite qualquer espécie de revisão, quer por parte do emissor, quer por parte do receptor. Há, pois, um retorno constante às palavras ou sentidos-chave, num esforço para evitar a dispersão em relação ao conteúdo fundamental (LOPES, 2004).

Os sistemas simbólicos não são simplesmente instrumentos de conhecimento; são também instrumentos de dominação. Como refere Jack Goody (1987, p. 14):

> Para todo o mundo, as técnicas de escrita foram empregadas para adquirir, quer dizer para alienar, a terra dos povos de oralidade. É um instrumento muito poderoso, cujo emprego raramente é desprovido de significação social, econômica e política, sobretudo devido ao fato que sua introdução implica habitualmente a dominação de parte iletrada da população por aqueles que sabem escrever.

É importante ter em mente essa perspectiva de Goody que ainda nos alerta para o fato de que "nós deveríamos ver nas culturas orais uma versão mais satisfatória de nossa própria civilização corrompida e, por outro lado, a não ver esta civilização, a cultura citadina, a cultura letrada, como a solução para todas as barbáries" (1987, p. 286).

Do letramento, por exemplo, pode-se dizer o que disseram Sócrates do bem e da virtude e Agostinho do tempo: todos nos imaginamos familiarizados com ele, mas somos incapazes de entendê-lo de forma clara e satisfatória. Pior que o simples desconhecimento, contudo, é a ignorância potenciada de uma falsa certeza – o acreditar convicto de quem está seguro de que sabe o que desconhece. Abrir-se à dúvida radical – à possibilidade de que estejamos seriamente enganados – é abrir-se à oportunidade de rever e avançar. Nesse sentido, um trabalho de pesquisa é sempre inevitavelmente exploratório e incompleto.

Os debates em torno da cultura tradicional e da modernidade

É justo lembrar que os comentários sobre as sociedades africanas repousam ainda sobre uma série de esquemas elaborados pela etnografia dos últimos cem anos, caracterizados pela oposição entre tradição e modernidade, que conheceu uma série de expressões unanimemente aceitas, mas hoje são recusadas pelos especialistas: não, os africanos não são "por natureza" rurais incapazes de se adaptar à "modernidade urbana". Não, a cidade, mesmo hipertrofiada, não é necessariamente sinônima do "mal urbano". Não, a antiga vida rural aldeã não era dominada por um amável igualitarismo comunitário, mas por uma hierarquia não igualitária por vezes exacerbada, entre "mais velhos" e "mais novos", senhores e escravos, patrões e empregados, no interior de grupos de produção mais elementares, constituídos pelos membros da família dita "alargada" (patriarcas, crianças, primos, esposas, dependentes, escravos, etc.). Não, os princípios de organização política interna e de relação entre os povos não eram exclusivamente "tribalistas", e o termo "*tribo*" foi, sobretudo, inventado pelos colonizadores, a quem repugnava admitir que outros, que não eles, pudessem conhecer estruturas políticas e sociais em muito similares às suas.

"*Tribo*", "*etnia*", "*linhagem*", todas essas palavras, conotadas hoje quase sempre à nossa ignorância, não faziam senão descrever realidades sociais ao mesmo tempo universais e específicas: as relativas à organização de povos, quer dizer, de nações e Estados, de grupos de pressão ou de coletividades familiares.

No caso de Moçambique, por exemplo, em razão de só muito recentemente ter conquistado a sua independência (1975), portanto apresentando uma enorme carência de pesquisadores em praticamente todas as áreas do conhecimento, se faz necessário recorrer com frequência a estudiosos acadêmicos ocidentais, muitos deles tendo trabalhado vários anos em Moçambique no pós-independência. A grande maioria das obras escritas sobre Moçambique nesse período situou-se numa perspectiva positiva e de apoio solidário ao processo de desenvolvimento socialista da Frente de Libertação de Moçambique (Frelimo).[2] Essas posições, juntamente com o

---

[2] Movimento guerrilheiro que em 1965 desencadeou a luta armada contra o colonialismo português, que foi derrotado em 1974.

fato de Moçambique ter sido confrontado com a agressão do regime do *apartheid*, originaram que as análises sobre o desenvolvimento do país tivessem priorizado os fatores de ordem externa. Mesmo quando alguns desses estudos se debruçaram sobre os fatores internos isso era feito numa perspectiva de solidariedade crítica e tomando como base modelos de explicação ocidentais. Poucos trabalhos abordaram problemas relativos às questões étnicas, ao papel da sociedade tradicional, à problemática das zonas rurais, à edificação da identidade nacional moçambicana, apenas para citar alguns dos fatores de ordem interna.

Só nos finais dos anos 1980 começaram a emergir trabalhos situados numa perspectiva que procurava mostrar os problemas internos que se constituíram em obstáculo à estratégia de desenvolvimento. Em seguida as discussões começaram a situar-se invariavelmente em torno do significado relativo ora dos fatores internos, ora dos fatores externos, polarização que a curto prazo se revelou inadequada. Posteriormente, surgiu a necessidade de análises mais abrangentes que pudessem incorporar as relações econômicas e políticas internacionais e regionais que se revelassem significativas para a análise dos problemas de desenvolvimento no nível nacional e local.

A expressão "cultura tradicional" tem-se prestado a inúmeros debates no universo africano. Por vezes, essa expressão designa uma visão estática congelada no tempo, uma visão de cultura que teria se expandido durante o período pré-colonial, isto é, uma cultura que podia se qualificar como pura ou indígena dado que ainda não havia sido alterado por força das invasões e colonizações árabe e europeia. É nesta linha de pensamento que se posicionam Israel Katore (1986), Basile Kossou (1986) e Kiflé Béseat (1986). Outros autores, como Honorat Aguessy (1986) têm concepções mais dinâmicas sobre o que representa a expressão cultura tradicional, pois para eles a tradição cultural africana não é fechada, não parou quando se iniciou a colonização, mas inclui também a vida cultural colonial e pós-colonial.

Falar de comunidade cultural remete-nos à complexidade inerente ao conceito de cultura. Kiflé Béseat (1986) afirma que A. L. Kroeber e C. Kluckhohn (1952) analisaram 160 definições de cultura em língua inglesa que classificaram em seis grupos: genéticas, históricas, estruturais, psicológicas, descritivas e normativas, sem terem conseguido descortinar uma única que registre unanimidade dos antropólogos, sociólogos e outros especialistas de problemas da cultura (BÉSEAT, 1986, p. 34).

No entanto, o conceito de cultura que perfilhamos é o seguido por George Hagan, segundo o qual a cultura "é o modo pelo qual um povo dá a conhecer a sua identidade no curso permanente da sua vida social, pela expressão do seu pensamento e mais ainda, pela utilização que faz dos recursos humanos e materiais de seu meio no esforço para satisfazer a necessidade sempre crescente de uma vida melhor" (HAGAN, 1986, p. 74).

Vejamos, no entanto, com mais detalhes, como estes autores defendem seus pontos de vista. Em relação à cultura tradicional, Katore (1986) defende uma posição mais estática, após considerar o que pode ser englobado na cultura tradicional em sua totalidade, ou seja: personagens, reais ou lendários, que criaram ou guiaram essa sociedade; acontecimentos tais como, inundações, fome, guerras, etc.; os poemas tradicionais ou antigos, as canções populares, os provérbios, enigmas, contos, lendas, mitos, práticas, mágicas ou religiosas, assim como a vida quotidiana, a arte, os jogos e os esportes, a música. A cultura tradicional, vista segundo esse prisma, pode, segundo Katoke, exercer uma influência positiva sobre a cultura africana moderna e contemporânea, pois esses produtos de influências externas, árabe-europeias e outros acabaram engendrando um Africano novo, separado em grande medida de seu meio e de suas tradições. Essa influência positiva tanto em relação ao presente quanto em relação ao futuro da África cobriria um variado leque de domínios nomeadamente: "educação, história e consciência histórica, ciência e tecnologia, política e ideologia, filosofia e religião, arte militar, defesa e patriotismo, informação (mídia), arte, línguas, literatura e tempos livres" (KATORE, 1986, p. 98).

Na mesma linha Kossou (1986) enfatiza que as culturas tradicionais não foram extintas pela colonização. Elas "ficaram em reserva para o futuro de África". Então, o desafio que agora se coloca é o de limpá-las do verniz colonial – Consciência Histórica – insuflando-lhes de novo a vida situando as suas insuficiências e procurando corrigi-las – Consciência Crítica – em face de um projeto do futuro no qual todos os africanos, ou pelo menos a grande maioria, possam se reconhecer – Consciência de Identidade (KOSSOU, 1986, p. 126).

Mbunda (1983), por exemplo, acredita que a descrição muitas vezes pejorativa das práticas religiosas dos africanos como "animismo", "totemismo", "feiticismo" não passa de um estratagema tendente a esvaziá-las dos seus valores e do seu orgulho e a deixá-las à mercê dos desígnios hegemônicos do Ocidente (p. 11).

Uma concepção mais dialética em relação à cultura tradicional é a defendida por outros autores como Honorat Aguessy e Kiflé Beseat. De acordo com Aguessy (1986), é fictícia e ideológica a oposição que alguns pretendem fazer pondo em confronto a cultura tradicional e cultura moderna. Não faz sentido interpor um vazio entre o tradicional e o moderno como se estivéssemos colocando em oposição um "tempo bloqueado" e um "tempo fluindo ininterruptamente". Para que a cultura tradicional não tivesse impacto sobre o futuro da África contemporânea, Aguessy, com aguda perspicácia, destaca que "Seria necessário que um 'modelo' polarizasse e imprimisse um ritmo a todas as culturas. Ora não há 'modelo', o conjunto dos sistemas simbólicos que representam a cultura está aberto, e não fechado" (1986, p. 30). Na mesma linha de pensamento se coloca Kiflé Beseat (1986) para quem o adjetivo tradicional na expressão "na civilização africana tradicional" deveria ser definitivamente banido porque ele é portador de contrassenso nocivo. Acrescenta que alguns ignoram ou procuram ignorar que a cultura tradicional africana não é fechada, que ela não parou quando se iniciou a colonização, mas inclui também a vida cultural colonial e pós-colonial. "A África dita moderna é tão 'tradicional' como a África pré colonial, no único sentido aceitável da palavra 'tradicional', no sentido em que a tradição não exclui mas, pelo contrário, implica necessariamente um sistema de descontinuidades"(BÉSEAT, 1986, p. 34).

Em Moçambique, o homem e a mulher modernos são vistos como se caracterizando por um estilo de vida tão próximo quanto possível do ocidental de hoje. O homem e a mulher modernos têm pudor de se exprimir na sua língua materna, quando esta não seja portuguesa; praticam a religião cristã ou islâmica, e não as religiões tradicionais baseados essencialmente no culto dos antepassados ou cultivam simplesmente o "ateísmo científico"; estão na corrente das principais tendências internacionais no que concerne à moda, à música pop ou ao reggae, aos longas-metragens, etc. (MANHIÇA, AFONSO, 1983, p. 13). Se acharmos legítimo que qualquer sociedade aspire à modernidade, importa destacar que a verdadeira modernidade é a que reconhece e valoriza os aspectos positivos da tradição. A tradição deve ser vista "como um corpo orgânico que evolui: suficientemente estável para manter os elementos fundamentais que a caracterizam, mas suficientemente dinâmica e flexível para se ajustar às necessidades de cada época. Uma tradição incapaz de se adaptar às novas situações está "condenada a morrer" (p. 15).

Existem, sem dúvida alguma, mentalidades coletivas, padrões repetitivos de comportamento social, valores de orientação aceitos por toda a comunidade, lendas e mitos compartilhados por povos inteiros e até ilusões que perduram ao longo dos séculos no seio da mesma nação, mas todos esses elementos são de caráter histórico, ou seja, passageiro (quando não efêmero), podendo ser desalojados de forma inesperadamente rápida por outros parâmetros normativos e outras *tradições* que logo passam a ser percebidas como pilares centrais do acervo nacional.

No caso moçambicano, a Frente de Libertação de Moçambique (Frelimo) manteve sempre uma "guerra declarada às concepções e comportamentos da tradição". Mas o que isso significa? Se, em alguns aspectos da tradição, se torna óbvia a "declaração de guerra", como a luta contra o racismo, a opressão da mulher, já não nos parece tão evidente partir para "combates" para os quais não existe tanta clareza na "definição do inimigo e nos meios para combatê-lo", para empregarmos uma terminologia militar tão em voga em períodos revolucionários.

Tenha-se em conta a complexidade de questões relativas às comunidades étnicas, com os seus códigos, a sua simbologia, os seus valores, que abrangem diferentes dimensões muitas vezes contraditórias na sua dinâmica de desenvolvimento. Os ajustes entre a tradição e a modernidade vão ocorrer no nível da organização social, sendo a educação seu veículo por excelência. O simbolismo vai fazer emergir elementos de unidade, mas também de diversidade numa tensão entre práticas que têm como objetivo a unidade nacional e as práticas que buscam, no passado, a identificação. Podemos então indagar: como através da formação de professores da educação básica, vão se enfrentar tradições imemoriais, que se tornaram condenáveis à luz dos princípios éticos que informavam a nova ordem político-social implantada após a independência?

Versões ocidentais e "vozes da periferia": um diálogo a instaurar

Não é nosso propósito rejeitar as versões ocidentais para ouvir apenas as "vozes da periferia". Seria uma posição simplista, pois tais vozes não são ideologicamente homogêneas nem escolasticamente indiferentes. Portanto não se deve ignorar as inúmeras e valiosas contribuições de estudos não africanos sobre a realidade do continente africano, contribuições que se têm pautado nas últimas décadas por um novo olhar, despojado de uma enorme carga de estereótipos e preconceitos que alimentaram a visão que o Ocidente construiu ao longo da dominação colonial.

O mundo tem necessidade de uma África sujeito e não mais objeto. É nesse sentido que defendemos um verdadeiro reencontro, pleno de fecundidade, que poderia ter lugar em benefício de todos (LOPES, 2008, p. 38).

Mas precisamos prestar a devida atenção à visão que os próprios estudiosos africanos têm de sua realidade. Esse "terreno" não está isento de armadilhas. Importa evitar posições unilaterais sobre o universo africano, não caindo na glorificação de seu passado através de um fervor nacionalista cego ou, como fazem alguns, "caindo numa excessiva reação histórica contra a literatura e a sociologia racistas dos 'africanistas' europeus" (SOYINKA, 1986, p. 158), o que no fundo acaba por possibilitar o desencadeamento de reações extremas de sentido inverso. Amílcar Cabral, o líder guerrilheiro da Guiné-Bissau alertava no início da década de 1970 para a necessidade de nos resguardarmos de concepções e práticas nocivas que se assentam: na exaltação sistemática das virtudes, ignorando o sentido crítico; na aceitação de certos valores culturais, sem ter em conta aspectos negativos, reacionários ou retrógrados que eles comportam ou podem vir a comportar; na confusão entre, por um lado, o que é expressão de uma realidade histórica, objetiva e material e aquela que, por outro lado, não destaca o que, a partir do imaginário, resulta numa natureza particular (CABRAL *apud* SOYINKA, 1986, p. 163).

Ferrán Iniesta (1992), africanista espanhol, explicita com enorme clareza as razões pelas quais se deve prestar particular atenção ao olhar que os africanos têm sobre suas próprias sociedades e culturas. Segundo ele:

> Não (é) por adulação aos teóricos autóctones como se, pelo fato de o serem, tivessem razão nas suas análises, mas sim porque ao seu rigor acadêmico acrescentam sua percepção direta e inculturada das sociedades que investigam. Se considerarmos que a razão é sempre relativa a cada momento cultural, o primeiro esforço para o conhecimento do outro africano deverá ser, escutar e ler o que expõem intelectuais dessa sociedade: o fazem com expressões e inclusive línguas aprendidas em universidades ocidentais, mas suas vivências produzem em si mesmos concepções diferentes das nossas (INIESTA, 1992, p. 19).

Os preconceitos são apoiados por dezenas de anos de análises socioantropológicas herdadas dos tempos coloniais, cujos conceitos precisam ser revistos e repensados, o que ainda parece estar longe de acontecer.

Considerações finais

Espero que a intenção por vezes francamente provocadora e as inumeráveis perplexidades destas minhas reflexões possam, de algum modo, contribuir não para reduzir a frequência de nossos erros, mas para torná-los menos nocivos.

A leitura de um texto é a ocasião de um encontro. Quando o teor do trabalho é predominantemente técnico ou fatual, os termos da troca entre autor e leitor tendem a ser claros e bem definidos: o que um oferece e o outro busca na leitura são informações relevantes e ferramentas para a obtenção de novos resultados. O contacto entre as mentes é de superfície e o grau de assimilação dos conteúdos é mensurável.

Mas, quando se trata de um texto de conteúdo essencialmente reflexivo, como é o caso aqui, a natureza da relação mediada pela palavra impressa é outra. Mais que uma simples troca intelectual entre autor e leitor, a leitura é o enredo de dois solilóquios silenciosos e separados no tempo: o diálogo interno do autor com ele mesmo enquanto concebe e escreve o que lhe vai pela mente absorta e o diálogo interno do leitor consigo próprio enquanto lê, interpreta, assimila e recorda o que leu.

Ler é recriar. A palavra não é dada por quem a escreve, mas por quem a lê. O diálogo interno do autor é a semente que frutifica (ou definha) no diálogo interno do leitor. A aposta é recíproca, o resultado imprevisível. Entendimento absoluto não há. Um mal-entendido – o folhear aleatório e absorto de um texto que acidentalmente nos cai nas mãos – pode ser o início de algo mais criativo e valioso, em vez de uma leitura reta, porém burocrática e maquinal.

"Autores são atores, livros são teatros". A verdadeira trama é a que transcorre na mente do leitor-interlocutor. A ocasião da leitura, não menos que a da criação literária, pode ser o momento para um encontro sereno, amistoso e concentrado - algo cada vez mais raro e difícil, ao que parece, hoje em dia - com a nossa própria subjetividade.

Se não perspectivarmos claramente nossas ações, no quadro de um projeto coerente que leve em consideração as aspirações legítimas dos africanos para formular as vias e os meios para satisfazê-las, a África corre o risco de continuar errando como um barco sem porto no Oceano da história.

Faz-se necessário, de modo mais sério e menos folclórico, tomar em conta as lógicas culturais presentes nos sistemas de valores e de representações forçadas ao longo da história africana. São eles, a par das exigências e dos valores modernos ainda insuficientes ou mal assimilados, que continuam a determinar fortemente os comportamentos cotidianos dos atores políticos, econômicos e sociais, principalmente os do mundo rural que constituem ainda a maioria esmagadora da população.

Sabemos que a história do tempo presente, mais do que qualquer outra, é por natureza uma história inacabada: uma história em constante movimento, refletindo as comoções que se desenrolam diante de nós e sendo, portanto, objeto de uma renovação sem fim. Aliás, a história por si mesma não pode terminar. Eis por que devemos afirmar em alto e bom som – ao contrário daquela trama tão em voga que pretende nos convencer de que chegamos a uma era de estabilidade e a um estágio de completa realização – que a história não tem fim, salvo se houver uma catástrofe cósmica.

Quem, aliás, afirmará que o homem pode algum dia sentir-se realizado? O que faz a grandeza da história, o que a impede de ser um mero objeto de conhecimento, é que ela é a expectativa de uma resposta: expectativa ora confiante, ora ociosa de uma resposta à questão que surge em cada época e que persegue cada geração: como situarmo-nos em nosso porvir? Como determinar nosso lugar em relação ao nosso presente?

Pois se nós somos, como Jaspers (1968, p. 293) definiu magnificamente, "homens que abrimos os olhos para participar da realidade histórica", então "quanto mais compreendemos o que ela é, mais temos a necessidade de procurá-la". Haverá ambição e missão mais bela para o pesquisador do tempo presente?

Referências

AGUESSY, Honorat. La problématique de l'identité culturelle africaine. In: *L'affirmation de l'identité culturelle et la formation de la conscience nationale dans l'Afrique contemporaine*. Paris, UNESCO, 1986, p. 17-32.

ANDERSON, Perry. Modernidade e revolução. *Novos Estudos CEBRAP*, n. 14, São Paulo, p. 2-15, fev. 1986. Disponível em: <http://www.iiep.org.br/livros/modernidade_e_revolucao.pdf>. Acesso em: 13 abr. 2010.

BÉSEAT, Kiflé Selassié. De l'identité culturelle africaine. In: *L'affirmation de l'identité culturelle et la formation de la conscience nationale dans l'Afrique contemporaine*. Paris: UNESCO, 1986, p. 33-57.

D'ADESKY, Jacques. Estado-Nação e pluralidade étnica na África Negra. *Estudos Afro-Asiáticos*, n. 13, Rio de Janeiro, 1987.

GOODY, Jack. *The interface between the oral and the writen*. Cambridge: Cambridge University Press, 1987.

HAGAN, George P. Communication présentée à la réunnion d'experts organisée par l'UNESCO. In: *L'affirmation de l'identité culturelle et la formation de la conscience nationale dans l'Afrique contemporaine*. Paris, UNESCO, 1986, p. 74-95.

INIESTA, Ferran. *El planeta negro: aproximación a las culturas africanas*. Madri: Los Libros de la Catarata, 1992.

JASPERS, Karl. *A situação espiritual de nosso tempo*. Lisboa: Moraes Editores, 1968.

LOPES, José de Sousa Miguel. Poderá ainda o Ocidente escutar a voz que vem da África? In: AMÂNCIO, Íris Maria da Costa (Org.). *África-Brasil-África: Matrizes, Heranças e Diálogos Contemporâneos*. Belo Horizonte: PUC/Minas; Nandyala, 2008, p. 27-38.

LOPES, José de Sousa Miguel. *Cultura acústica e letramento em Moçambique: em busca de fundamentos antropológicos para uma educação intercultural*. São Paulo: EDUC, 2004.

KATORE, Israel K.. La culture d'hier et de demain dans l'Afrique contemporaine. In: *L'affirmation de l'identité culturelle et la formation de la conscience nationale dans l'Afrique contemporaine*. Paris: UNESCO, 1986, p. 96-117.

KOSSOU, Basile. Pour l'identité culturelle africaine. In: *L'affirmation de l'identité culturelle et la formation de la conscience nationale dans l'Afrique contemporaine*. Paris, UNESCO, 1986, p. 118-132.

KROEBER, A. L.; KLUCKHOHN, D. *Culture – a critical review of concepts and definitions*. Vintage Books: New York, 1952.

MANHIÇA, Salomão Júlio; AFONSO, Ana Elisa Santana. *Cultura e desenvolvimento*. (Doc. 02 da 1ª Conferência Nacional sobre Cultura). Maputo, 12 a 16 jul. 1983, *mímeo*, 27 p.

MBUNDA, Frei D. Valores culturales, tradicion y modernidad. In: *Problemas de la cultura y los valores culturales en el mundo comtemporâneo*. Paris: UNESCO, 1983, p. 8-17.

MOORE, Carlos. *A África que incomoda*: sobre a problematização do legado africano no quotidiano brasileiro. Belo Horizonte: Nandyala, 2008.

NÓVOA, António. *Histoire & Comparaison (Essais Sur l'Éducation)*. Lisboa: Educa, 1998.

RUDEBECK, Lars. Development and democracy: notes related to a study of people's power in Mozambique. In: *A construção da nação em África*. Bissau: Instituto Nacional de Estudos e Pesquisas, 1989, p. 351-364.

SOYINKA, Wole. De la renaissance culturelle africaine. In: *L'affirmation de l'identité culturelle et la formation de la conscience nationale dans l'Afrique contemporaine*. Paris, UNESCO, 1986, p. 155-174.

ZIEGLER, Jean. *O poder africano*. Rio de Janeiro: Difusão Europa de Livro, 1972.

Explorando narrativas: algumas reflexões sobre suas possibilidades na pesquisa

Santuza Amorim da Silva
Karla Cunha Pádua

*A memória é uma tessitura feita a partir do presente,
é o presente que nos empurra em relação ao passado,
uma "viagem" imperdível, uma "viagem" necessária,
uma "viagem" fundamental, para que a gente
possa trazer à tona os encadeamentos da nossa
história, da nossa vida, ou da vida do outro.*

WALTER BENJANIM

Nos últimos anos, assistimos um interesse crescente por novas formas de entrevistas, capazes de oferecer maior liberdade aos sujeitos entrevistados de se expressarem em relação aos temas que lhe são postos. Nessa perspectiva, a entrevista narrativa surge como um instrumento importante a ser explorado nas pesquisas contemporâneas desenvolvidas, em especial, nas áreas das Ciências Sociais e da Educação.

Recuperar as narrativas nesses tempos de domínio da informação e de profundas alterações nos modos de vida e nas formas de sociabilidade é uma forma de trazer de volta a esfera do discurso vivo, a tradição oral de relatar experiências e a sabedoria das tradições, como propõe Benjamim (1996). As narrativas, com suas sutilezas psicológicas e capacidade de suscitar emoções, espanto, arrebatamento, teriam ainda a vantagem de reintroduzir no discurso sóbrio e conciso das ciências novas possibilidades de reflexões e de interpretações acerca dos fenômenos estudados.

A narrativa é considerada uma forma discursiva privilegiada para a compreensão das interpretações dos sujeitos entrevistados sobre si mesmos, o outro e o mundo, como destacou Matos (2001). Através da narrativa, esses sujeitos, ao ordenarem os acontecimentos e articulá-los em uma sequência temporal significativa, imprimem seus sentidos e significados e as marcas de sua biografia às experiências vividas. Nutrindo-se da memória e entrecruzando passado e presente o(a) narrador(a) elabora suas experiências, selecionando os eventos mais significativos de modo a construir o seu enredo e cativar o ouvinte. É assim que consegue transmitir ensinamentos, mobilizar sentimentos e provocar no ouvinte uma reelaboração e um repensar dos acontecimentos narrados.

As narrativas têm este aspecto de sabedoria prática, pois no processo de recordação das experiências vividas, o/a narrador/a valoriza aquilo que mais importa a ser passado aos outros como ensinamentos. Na medida em que evocam o passado para torná-lo transmissível, retendo o que foi mais significativo para compreender o presente, sempre de uma perspectiva interior e subjetiva, as narrativas deixam em aberto o sentido, em um processo nunca definitivo. Isso constitui outra vantagem de utilizá-las nas pesquisas, nesses tempos contemporâneos de incertezas. Como um gênero discursivo que valoriza a imaginação, o múltiplo e o misturado, como lembra Matos (2001), a narrativa tem o poder de despertar o vivido e a intensidade imaginativa, criando espaços de liberdade para gerar novas interpretações.

Além desses argumentos, segundo Benjamim (1996), a narrativa favorece a capacidade do ouvinte de assimilar a experiência narrada às suas próprias experiências, permitindo imprimir suas próprias marcas às histórias. Para trazê-la de volta nesses tempos de ritmos acelerados da vida moderna é, pois, preciso tempo para ouvir paciente e minuciosamente uma longa cadeia narrativa, com seus detalhes precisos, dentro da qual os eventos e imagens se sucedem sem pressa. É por isso que a utilização da narrativa como instrumento da pesquisa qualitativa exige aprendizagem e treino. Quais seriam, então, as singularidades da entrevista narrativa em relação às demais modalidades de entrevistas?

As especificidades da entrevista narrativa

Diferentemente da entrevista semiestruturada, a entrevista narrativa consta de apenas uma pergunta, chamada de questão gerativa. Essa pergunta, constituindo o centro desse instrumento de pesquisa, deve ser cuidadosamente preparada pelos pesquisadores.

Com o objetivo de gerar uma narrativa por parte dos(as) entrevistados(as) em torno da temática estudada, é preciso que a questão gerativa, além de explicitar o foco da pesquisa, seja formulada de modo a estimular um relato espontâneo sobre o curso dos acontecimentos relacionados ao tema pesquisado, do início ao fim, desde como tudo começou, passando pelo detalhamento dos estágios importantes, chegando ao fechamento. Galvão (2005) nos lembra que uma história é uma narrativa, quando composta por começo-meio-fim ou situação-transformação-situação, relativa a determinado assunto/conteúdo que encoraja a projeção de valores humanos.

No processo de elaboração da questão gerativa, é importante conciliar o interesse da pesquisa com a busca de uma melhor forma de obter como resposta uma boa narrativa por parte dos(as) entrevistados(as). Isso exige um trabalho de constante reformulação, que se inicia durante a preparação para o trabalho de campo e continua com o treinamento da equipe e com a avaliação dos resultados de cada entrevista realizada. Esse processo de aprimoramento da questão gerativa, identificando possíveis problemas e buscando fazer os ajustes necessários, é sempre mais rico quando a pesquisa é realizada em equipe.

Se bem sucedida, a questão gerativa, apresentada no início da entrevista, dará a chance ao(à) entrevistado(a) de elaborar o que Flick (2004) denomina de narrativa principal. Esta poderá ser mais ou menos longa, segundo a habilidade do(a) narrador(a).[1] Nessa etapa da entrevista, o(a) entrevistador(a) não pode intervir de modo algum, apenas acompanhar atentamente o relato, demonstrando interesse pela história narrada. Segundo Flick (2004), aqui a palavra mágica é o "hum", como forma de reforçar a empatia com a história narrada, o que exige aprendizagem e treino do(a) pesquisador(a) para ouvir atentamente, sem intervir. Processo difícil para pesquisadores acostumados com entrevistadas semiestruturadas, mais comumente utilizadas, nas quais estes se colocam como aqueles que fazem perguntas, conduzindo o desenrolar da entrevista. Na entrevista narrativa, contudo, é preciso fundamentalmente aprender a ouvir, respeitando as pausas e os silêncios (TEIXEIRA, PÁDUA, 2006).

Durante a narrativa principal, o(a) entrevistador(a) poderá apenas anotar questões que gostaria de maior esclarecimento para serem

---

[1] Entre os(as) entrevistados(as), podemos encontrar diversos tipos de narradores, sendo que alguns deles possuem uma maior habilidade para esse tipo de entrevista, enquanto outros podem não se sentir muito à vontade nesta situação.

apresentadas na etapa seguinte. Para evitar intromissões antes do término da narrativa principal, é recomendável combinar com antecedência uma forma do(a) entrevistado(a) sinalizar que encerrou essa etapa da entrevista, para então dar início à etapa seguinte, na qual é permitido ao pesquisador introduzir novas questões.

Bem formulada, a questão gerativa será capaz de produzir um relato em que o(a) próprio(a) entrevistado(a) se envolve, permitindo aflorar questões que ele(a) mesmo(a) talvez não desejasse. Isso faz parte dos constrangimentos da narrativa, conforme apontou Flick (2004), assim como a seleção dos aspectos mais relevantes e os detalhes necessários para a compreensão da história. Segundo esse autor, são três os constrangimentos da narrativa: o fechamento ou *gestalt*, a condensação e o detalhamento. Isso porque é próprio da narrativa suscitar esses *caminhos forçados,* provocados pela minimização do controle do narrador, já que a narrativa assume certa independência durante o relato.

Ainda que o núcleo central desse tipo de entrevista seja a narrativa principal, o trabalho do(a) pesquisador(a) não termina aí, mas prossegue rumo a duas outras etapas. Após o encerramento da narrativa principal, se inicia uma segunda fase da entrevista, chamada por Flick (2004) de investigações narrativas. Aqui, questões importantes mencionadas pelo/a entrevistado(a) em seu relato terão a oportunidade de serem aprofundadas e esclarecidas, dando origem a outras narrativas. É importante ressaltar que não se trata aqui de apresentar um leque de questões previamente elaboradas, como na entrevista semiestruturada. Ao contrário, estas devem brotar da própria narrativa principal, visando o seu aprofundamento, sempre com o foco no problema da pesquisa.

Esgotadas todas as possibilidades de explorar e aprofundar os temas que emergiram da narrativa principal, o(a) entrevistador(a) poderá solicitar, para encerrar a entrevista, uma questão na qual o(a) entrevistado(a) fará um esforço final de síntese. Nesta terceira etapa, que Flick (2004) denominou de fase de equilíbrio, o entrevistador procura, através de perguntas abstratas visando à descrição e à argumentação, reduzir o significado do todo ao seu denominador comum ou a relatos teóricos sobre o que aconteceu.

Após todas essas etapas realizadas e com a entrevista em mãos, tem início a fase de transcrição e de análise. Mas, antes de tratarmos desse momento também fundamental no trabalho com entrevistas narrativas, é importante nos dedicar um pouco a alguns aspectos relacionados à condução da entrevista narrativa que contribuem para produzir bons resultados.

Uma boa entrevista começa antes da sua realização. Vimos a importância dos cuidados relativos à elaboração da questão gerativa, na busca de encontrar uma melhor forma de incluir na pergunta principal o problema da pesquisa e de obter como resposta uma narrativa dos(as) entrevistados(as). Na entrevista narrativa, é também fundamental oferecer aos(às) entrevistados(as), já nos primeiros contatos para apresentar o convite para participar da pesquisa e agendar a entrevista, os esclarecimentos necessários sobre as particularidades desse tipo de entrevista. É preciso deixar claro o que se espera do(a) entrevistado(a), quebrando suas expectativas de uma entrevista tradicional. Nem todas as pessoas podem se sentir à vontade com a entrevista narrativa, o que pode acontecer com pessoas tímidas, reservadas ou pouco comunicativas, e outras podem preferir uma entrevista mais dirigida.

É também nesses momentos iniciais de diálogo que se estabelecem as primeiras negociações com os(as) entrevistados(as) a respeito da assinatura do termo de consentimento, solicitando a sua concordância em participar da pesquisa e a sua autorização por escrito para a utilização e divulgação dos dados coletados na entrevista. Esse é também o momento de perguntar sobre a sua preferência por revelar o seu nome ou pelo anonimato.[2] Essas negociações da entrada em campo constituem uma questão ética fundamental que perpassa as interações entre pesquisadores e pesquisados(as). Elas envolvem também tentativas de estabelecer com os(as) entrevistados(as) sentimentos de conexão com a pesquisa realizada, através da atenção mútua e intenção compartilhada, conforme destacaram Connelly e Clandinin (1995). Esses sentimentos e relações, muito diferentes da desigualdade e da inferioridade do(a) entrevistado(a) frente ao(à) pesquisador(a), comuns nas entrevistas convencionais, estimulam e animam o(a) narrador(a) a contar suas histórias.

Esse cuidado na relação com os sujeitos pesquisados, que deveria ser tanto quanto possível uma relação de colaboração, prossegue durante a realização da entrevista narrativa, quando o(a) pesquisador(a) primeiro escuta o(a) entrevistado(a) contar sua história. Nesse tipo de entrevista

---

[2] Esta decisão deve ser sempre do(a) entrevistado(a), pois, ao contrário do que se espera, muitos(as) deles(as) podem preferir que seus nomes sejam revelados.

inverte-se o silêncio dos(as) pesquisados(as) nas situações de pesquisa, oferecendo-lhes tempo e espaço para contar suas histórias e para que suas histórias ganhem autoridade na investigação.

No momento da entrevista narrativa, quando o pesquisador encontra-se frente a frente com o(a) narrador(a), o mais importante é o exercício da escuta ativa, lembrando sempre que, ao contar suas histórias, os(as) entrevistados(as) estão também refletindo sobre suas experiências e, ao mesmo tempo, transmitindo-as, recontando e revivendo, conforme ressaltaram Connelly e Clandinin (1995). Daí a necessidade de respeitar não apenas as pausas e os silêncios durante o desenrolar da trama de suas lembranças, mas também os diferentes modos, inclusive corporais, de manter a conversação durante a entrevista; os jeitos próprios de narrar e as singularidades das histórias narradas.

Nas singularidades de cada sujeito, podemos encontrar narrativas mais longas, outras mais concisas, mas nem por isso menos ricas. É sempre uma alegria quando encontramos casos de excelentes narradores, que oferecem narrativas com mais detalhes, deixando o(a) entrevistador(a) inebriado(a) com suas histórias e ensinamentos. Estas sempre marcam mais profundamente a pesquisa, guiando inclusive a análise das demais. Com pessoas mais retraídas e pouco comunicativas, é sempre mais difícil a interação, exigindo um investimento maior na etapa das investigações narrativas, na busca de aprofundar a narrativa principal, sempre mais breve. Como parte do humano, as interações entre o(a) entrevistador(a) e o(a) entrevistado(a) envolvem também maior ou menor empatia com determinados sujeitos ou histórias, o que sem dúvida interfere nos resultados da pesquisa. É por isso que o processo de entrevistar é perpassado não somente por alegrias, mas também por incômodos e constrangimentos. No decorrer de cada entrevista, não é apenas o(a) entrevistado(a) que se expõe, mas também o(a) pesquisador(a) através de suas condutas e o resultado é sempre fruto do encontro entre eles(as).

Na narrativa, há um processo de intrusão pessoal na vida de outra pessoa, pois em cada relato de experiência compartilhada há uma certa exposição do "eu" e uma possibilidade de repensar quem somos, tanto por parte do(a) pesquisador(a) quanto dos(as) pesquisados(as), pois ambos reconstroem continuamente suas identidades ao contar e ouvir histórias. A narrativa é uma forma dos seres humanos experimentarem o mundo, relatarem histórias sobre as suas vidas, e a pesquisa com narrativas é uma forma de descrever essas vidas, recolher histórias sobre elas e escrever relatos da experiência, como lembraram Connelly e Clandinin (1995). O grande desafio é, pois, criar situações de confiança para permitir que os(as) entrevistados(as) possam se expressar contando histórias.

Outra questão que se apresenta para o(a) pesquisador(a) é encontrar as melhores formas de tratar e de apresentar os dados nesse tipo de entrevista, cujos relatos constituem sempre uma versão subjetiva da história narrada.

Algumas questões sobre a análise de narrativas

A entrevista narrativa é antes de tudo uma forma de apreender as experiências subjetivas do/a entrevistado(a), sem a limitação de perguntas e respostas da entrevista tradicional. Situada no contexto da pesquisa biográfica, não se pretende que a entrevista narrativa expresse a experiência real do(a) entrevistado(a). Toda narrativa é em um trabalho dinâmico, marcado por "uma lógica de realização de si e de criatividade ou de imaginação", como apontou Wieviorka (2002, p. 205), referindo-se aos processos de reconstrução da memória.

Este trabalho de reconstrução da memória oferece ao(à) narrador(a) a possibilidade de efetuar escolhas, conferindo-lhe liberdade. Isso reforça a sua intencionalidade ao engajar-se na reconstrução de elementos para expressar sua narrativa, permitindo manter vivo e dinâmico o próprio processo de constituição de si mesmo como sujeito, como enfatizou Wieviorka (2002).

Larrosa (2004) também considera toda narrativa uma forma de autointerpretação, fundamental na elaboração do sentido de identidade dos sujeitos. Ao narrar histórias, estes sujeitos se constroem e se reconstroem. Destacando ainda este aspecto de relação entre a narrativa e a subjetividade, o autor lembra que o tempo narrado é um tempo articulado em uma história subjetiva, pois ele se apresenta na forma como cada narrador(a) foi capaz de imaginar, interpretar e contar. É na história de vida de cada sujeito que os acontecimentos narrados adquirem ordem e sentido.

É assim que cada narrador(a) pode introduzir novos pontos de vista à narrativa memorial coletiva, dando origem a dinâmicas de produção e de invenção, enriquecendo a vida coletiva com suas contribuições subjetivas e as histórias contadas com afetos, emoções e paixões. Entretanto, por se nutrirem de uma memória que é também coletiva, as narrativas sempre articulam subjetividade e identidade, o individual e o coletivo. Porém, como lembrou Wieviorka (2002), não sem produzir tensões entre esses dois pólos e é isso que confere um caráter móvel e instável à memória, sempre sujeita a revitalizações, aberta a recordações e esquecimentos, vulnerável a deformações e manipulações. A força dinâmica da memória sobre o sujeito e os processos de sua construção e reconstrução por parte dos indivíduos nos convida a pensá-la como movimento ou corrente em constante atualização.

Ainda que com as marcas de cada sujeito, é possível encontrar nas narrativas as influências de processos coletivos vivenciados. Isso torna-se mais evidente no processo de análise e de confronto entre diferentes narrativas, o que exige um número de entrevistas suficientes para possibilitar comparações. É esse outro importante desafio para o(a) pesquisador(a). Para além das singularidades das histórias subjetivas, as narrativas podem nos revelar processos históricos coletivos, e, para acessá-los, é necessário dedicar uma atenção especial ao processo de análise das entrevistas.

Embora nesse terreno da pesquisa com narrativas possamos encontrar várias e diferentes perspectivas, centraremos a discussão a partir de nossas próprias experiências, que consideramos socioantropológica. Nessa perspectiva, o trabalho de análise se inicia com a transcrição cuidadosa de cada entrevista[3] e prossegue com o processo de leitura e releitura das narrativas em busca de categorias de análise.[4] Como na entrevista narrativa as categorias de análise não são oferecidas de antemão pelos/as entrevistadores(as), é fundamental que se busquem aquelas que emergem, especialmente, da narrativa principal. É nesta etapa da entrevista que o/a entrevistado(a) fez um esforço, provocado pela narrativa, de

---

[3] Esses cuidados referem-se ao tratamento que deve ser dado às entrevistas: inicialmente, estas devem ser transcritas preferencialmente logo após o seu término e pelo próprio pesquisador, em segundo lugar, deve-se fazer uma conferência dos dados transcritos com a gravação, acompanhando as frases, as pontuações, as hesitações e pausas, marcando-as com sinais apropriados. Quanto ao controle das informações e armazenamento dos dados, devemos seguir determinados procedimentos técnicos. Em nossas experiências, seguimos as orientações do Centro de Pesquisa e Documentação (CPDOC) da Fundação Getúlio Vargas.

[4] De acordo com Minayo (1996, p. 70), "a palavra categoria se refere a um conceito que abrange elementos ou aspectos com características comuns ou que relacionam entre si [...] está ligada à ideia de classe e série [...] são empregadas para se estabelecer classificações".

condensar os aspectos principais da história narrada, apresentar os detalhes principais relacionados ao assunto tratado e realizar um fechamento. Assim, esperamos encontrar nela as principais categorias de análise da entrevista. Nas etapas seguintes, das investigações narrativas e da fase de equilíbrio, podemos encontrar outros detalhes para aprofundamento, complementando o sentido geral da entrevista e as categorias encontradas anteriormente na narrativa principal.

É no processo de análise e no confronto entre diversas narrativas acerca do tema pesquisado que as categorias relevantes vão se revelando de maneira mais consistente, trazendo descobertas e revelações interessantes a ponto de guiar toda a estruturação dos textos originados a partir delas. O interessante aqui é que as categorias emergem de narrativas elaboradas livre e espontaneamente pelos(as) entrevistados(as), uma das vantagens desta metodologia.

Se o(a) pesquisador(a) está atento(a), nesse trabalho de análise emergem ideias nascidas das narrativas capazes de trazer descobertas que, entrelaçadas às teorias, poderão iluminar perspectivas que dificilmente apareceriam em uma entrevista tradicional. Para isso, entretanto, é preciso realizar um cuidadoso trabalho de decodificação dos temas apresentados pelos sujeitos em suas narrativas e de busca de padrões comuns e específicos na comparação entre elas, conforme apontou Pádua (2009).

Esse trabalho começa logo após as transcrições, na releitura do material, buscando identificar os principais aspectos apresentados nas narrativas e as possíveis categorias de análise. Esses principais aspectos inicialmente identificados, em seguida, vão sendo agrupados em categorias mais amplas, em uma primeira tentativa de desvelamento dos temas principais abordados em cada entrevista, seguindo a lógica da narrativa principal de cada entrevista e acrescentando outros dados a respeito dos aspectos abordados a partir das solicitações de esclarecimentos por parte do(a) entrevistador(a). Esse trabalho implica uma revisão constante das narrativas, acompanhada de sua reescrita e da construção e reconstrução de textos analíticos. Quando a pesquisa é realizada em equipe, são fundamentais nesse processo os encontros de discussões e o contínuo registro das diversas contribuições de cada participante.

As tentativas de reconstituir as lógicas das narrativas a partir da identificação de grandes categorias vão pouco a pouco produzindo os primeiros *insigths,* que vão se confirmando na comparação das entrevistas. Aqui é bom seguir as recomendações de Malinowiski (1975) de construir quadros sinópticos contendo os grandes temas identificados em cada narrativa, com a finalidade de comparar e visualizar semelhanças e diferenças entre as narrativas dos sujeitos entrevistados. Nesse processo, é importante respeitar todos os elementos que apareceram livremente, apenas organizando-os por temas, buscando padrões que se repetem, porém, considerando as especificidades com que se apresentam nas narrativas de cada sujeito, sem desprezar temas que apareceram em apenas algumas entrevistas, levando em conta que esses elementos únicos também ajudam a iluminar e dar inteligibilidade ao conjunto.

Tais quadros sinópticos, oferecendo uma visão geral, permitem vislumbrar, na diversidade de dados, os temas recorrentes em várias entrevistas, possibilitando destacar os grandes temas gerais, assim como contemplar as variações e especificidades que se apresentam, conforme as elaborações de cada sujeito. Dessa forma, é possível entrecruzar uma lógica mais coletiva, na recorrência dos temas mais gerais, com a lógica dos sujeitos no processo de reconstituição das memórias desencadeado nas narrativas, como apontou Wieviorka (2002).

A quantidade de quadros sinópticos depende do número de entrevistas, das categorias de entrevistados(as) ou ainda do ritmo de realização das entrevistas. Esses quadros são construídos de modo a permitir uma melhor a visualização dos temas recorrentes e específicos, sendo assim, nem sempre é possível colocar em um mesmo quadro todas as entrevistas realizadas. Mas o ideal seria que fossem comparadas narrativas com maior grau de aproximação, por exemplo, moradores de um mesmo bairro, que compartilham uma mesma história coletiva; narrativas de professores separadas de narrativas de gestores; narrativas de alunos em um quadro e de professores em outro. No processo de pesquisa, devido ao ritmo diferente de realização das entrevistas, pode acontecer que diferentes quadros sejam construídos em momentos diferentes de análise. O que importa é que cada quadro obedeça a mesma metodologia, com a finalidade de permitir a visualização das grandes categorias que aparecem nas narrativas e que tais quadros se articulem entre si, de modo que as categorias neles identificadas tornem-se a referência principal para a elaboração dos eixos de análises da pesquisa.

Esse trabalho de análise do(a) pesquisador(a) sobre as narrativas permite esclarecer e revelar as questões que emergem das entrevistas em sua importância e riqueza. Nesse sentido, os quadros sinópticos, construídos para comparar as categorias de análise retiradas das entrevistas, são fundamentais para desvelar questões que não se apresentaram para o(a) pesquisador(a) no momento de realização das entrevistas. Esses quadros permitem trazer luz para as narrativas, distinguindo os aspectos mais recorrentes e comuns e também suas variações.

Entretanto, é preciso lembrar que esse trabalho de análise só produz bons resultados com o aporte das teorias que ajudam a iluminá-lo. O trabalho do pesquisador exige um duplo investimento, na teoria e na empiria, que vão se entrelaçando no percurso da pesquisa, de modo que as perspectivas teóricas ajudam a interpretar as significações dadas pelos sujeitos e as narrativas vão apontando as questões mais relevantes a serem destacadas na análise de determinadas temáticas.

Como acontece em qualquer pesquisa e não apenas naquelas baseadas em dados coletados através de entrevistas narrativas, os resultados serão sempre parciais, podendo ser superados por outras pesquisas sobre o mesmo tema. Como nos lembrou Petitat (1992), o tipo de objetividade que desejamos não é aquela das verdades imóveis e insensíveis ao tempo, mas aquela capaz de oferecer pontos de vista que possam iluminar o objeto estudado e influenciar outros estudos.

No entanto, conforme apontaram Connelly e Clandinin (1995), como acontece com outros métodos qualitativos, o trabalho com narrativas possui critérios distintos de validação, confiabilidade e generalização, questões pouco discutidas entre os pesquisadores. Esses autores destacaram, por exemplo, o cuidado que devemos ter com relação aos materiais ordenados em uma sequência temporal. O tempo dos discursos é um tempo ajustado à história narrada, e não o tempo da história vivida. Por isso, no momento da interpretação, o que importa principalmente é o sentido de totalidade e é esse que deve conduzir a escrita e a leitura das narrativas.

Todavia, em uma boa interpretação de narrativas encontramos sempre um convite para que o(a) leitor(a) se conecte com as histórias narradas, fazendo associações com suas próprias lembranças a partir dos detalhes e cenas apresentados. Em toda narrativa há sempre um esforço de síntese, uma seleção e a familiaridade, capazes de suscitar no(a) leitor(a) associações com questões comuns da vida humana, por detrás das concretudes de uma história particular vivida e narrada. Como destacaram Connelly e Clandinin (1995), realizar essa mediação entre o particular e o geral das narrativas é uma importante tarefa do(a) pesquisador(a).

Esses autores lembram que as narrativas têm também as características de continuidade, conclusão, finalidade estética e uma certa convicção que as aproximam da literatura de ficção, portanto, soam como plausíveis e verdadeiras, pois tratam de acontecimentos significativos nas vidas dos sujeitos. Entretanto, o pesquisador não pode tomá-las como "verdadeiras", e para evitar este risco é necessário situá-las no tempo e no espaço, o que exige a reconstituição do contexto social e cultural no qual as ações ocorrem e os personagens e suas histórias se situam.

Este trabalho de reconstruir o cenário no qual se desenvolve a trama é, todavia, uma construção do/a pesquisador/a, tendo em vista oferecer uma certa moldura que abriga e estrutura as experiências narradas. Esta é uma tarefa complexa, na medida em que exige uma busca ativa de dados, através da consulta de documentos escritos e da coleta de outros materiais que possibilitem uma descrição geral do cenário e a compreensão das questões que apareceram nas entrevistas. Isto é necessário para situar os leitores e ajudá-los a compreender o papel dos personagens, os espaços principais e os acontecimentos fundamentais que se apresentam nas narrativas (CONNELY, CLANDININ, 1995).

Quanto à reconstituição do tempo histórico em que se movimenta a trama das narrativas, através de suas diferentes localizações temporais, segundo Connelly e Clandinin (1995), o que importa são a sua significação, valor e intenção. Para esses autores, o passado transmite a significação, o presente os valores e o futuro a intenção. Ou seja, o trabalho de reconstituição da estrutura temporal da narrativa é um trabalho de busca do seu sentido ou propósito. Sendo assim, o modo como os acontecimentos encontram-se relacionados entre si na narrativa ajudam a encontrar o seu sentido e explicação.

O recontar e reviver, sempre inacabado, das narrativas, possibilita ao/à pesquisador/a ressignificar as histórias e recontá-las de outras maneiras e a partir de outros pontos de vista. Por isso, no trabalho com narrativas, é difícil separar as vozes dos narradores da própria voz e escrita do(a) pesquisador(a). Conforme afirmaram Connelly e Clandinin (1995), a tarefa do(a) pesquisador(a) é transmitir esta complexidade de vozes, a diversidade de formas de conhecer e de pensar o mundo. Mas não podemos esquecer que a interpretação do(a) pesquisador(a) é central. Embora em seus relatos sobre os relatos dos outros há que se ter lugar para a voz de cada entrevistado(a), o texto produzido pelo(a) pesquisador(a) apresenta-se sob a forma de um outro tipo de relato, que guarda as marcas do sujeito que os analisa, ressignifica e reconta.

Como nesse tipo de metodologia a generalização é sempre problemática, é fundamental circunscrever os acontecimentos narrados aos seus contextos particulares, entrecruzando as diferentes perspectivas apresentadas por diferentes sujeitos. Além disso, qualquer que seja a escolha do(a) pesquisador(a), é sempre importante apresentar aos leitores como os dados foram recolhidos, analisados e apresentados. A esse respeito, Galvão (2005) lembra que a validação das análises de narrativas decorrem de quatro processos: sua capacidade de ser coerente e plausível através da explicitação dos pressupostos teóricos e admissão de modos alternativos de interpretação; apresentação de textos construídos com os comentários dos participantes do estudo; sua coerência com os objetivos, local e temática apresentados pelo(a) narrador(a) e o fornecimento do máximo de informações relativas à coleta de dados e à sua interpretação.

Para Connelly e Clandinin (1995), o valor da pesquisa com narrativas decorre mais da qualidade de seus temas e o seu atrativo principal é sua capacidade de reproduzir experiências de vida, pessoais e coletivas, em formas relevantes e plenas de sentido. Entretanto, na tentativa de reconstituir o sentido global das histórias, é fundamental que não se percam os fios através dos quais se tecem as narrativas. Para isto, é preciso estar atento também às histórias não contadas, relativas aos aspectos silenciados e não ditos, alertando criticamente o(a) leitor(a) das possíveis histórias alternativas e das limitações de cada relato. A análise de narrativas pressupõe, também, a exploração não apenas do conteúdo, mas também da forma, ou seja, não apenas do que é dito, mas também de como é dito, o que implica em uma atenção especial às metáforas, analogias e imagens que indicam significados diferentes do que é dito, como ressaltou Galvão (2005). Algumas dessas imagens e metáforas expressam valores específicos, compartilhados por determinado grupo, constituindo fortes identificadores das identidades coletivas.

Quanto aos estilos dos textos produzidos a partir da análise de narrativas, há duas tendências principais: alguns pesquisadores preferem oferecer relatos muito detalhados das experiências narradas, enquanto outros preferem a teoria e a abstração. Sendo ambas importantes, o fundamental é a busca de um equilíbrio entre elas. Há, pois, várias formas de apresentação das narrativas, algumas delas mais demonstrativas e outras mais indutivas. Segundo Connelly e Clandinin (1995), no primeiro caso, os dados aparecem com ilustrações do pensamento do escritor e, no segundo, os dados falam por si mesmos, contam sua própria história. Uma maneira de equilibrar essas duas perspectivas, apontada por Galvão (2005), é construir textos que combinem textos curtos que enfatizam momentos de transformação individual e longos excertos de narrativas que sumariam e comentam determinados acontecimentos importantes e considerações teóricas dos autores da investigação, que servem de categorias de análises de todas as entrevistas realizadas. Neste caso, entretanto, é a autoridade do investigador que sobressai.

Mas a tarefa do(a) pesquisador(a) é sempre "re-historiar" e contar sob novas formas as mesmas histórias, o que ele(a) faz realizando uma seleção dos acontecimentos que irá recontar. Todo o trabalho de análise sobre as narrativas implica decisões acerca dos conteúdos, guiadas pelos propósitos da investigação, ainda que estes se transformem ao longo do processo, muitas vezes se distanciando dos objetivos originais pensados para o projeto. O que importa, segundo Galvão (2005), é que as narrativas, além de analisadas e interpretadas, sejam também apresentadas sob a forma de um relato coerente e agradável para ser lido.

O texto final é sempre uma história construída a partir das vidas e perspectivas tanto do(a) pesquisador(a) quanto dos(as) pesquisados(as). Daí a importância da tarefa de devolver os resultados aos/às entrevistados(as) para uma discussão final, quando esses(as) já não foram envolvidos(as) durante o processo através da pesquisa colaborativa. Ao final da pesquisa, a riqueza das aprendizagens decorrentes da experiência de trabalho com narrativas contagia o(a) pesquisador(a) com o desejo de contar suas próprias histórias sobre as investigações narrativas e de fomentar novas narrativas por meio de outras pesquisas cada vez mais colaborativas.

Um instrumento fecundo para ser utilizado em diferentes tipos de pesquisa

Nos trabalhos que já realizamos e orientamos baseadas neste tipo de metodologia, os resultados têm se mostrado bastante fecundos. As entrevistas narrativas têm se mostrado capazes de suscitar relatos inesperados, ricos e surpreendentes, oferecendo ricas oportunidades para análises científicas tecidas com a riqueza das experiências vividas.

Realizadas em diferentes contextos e com diferentes sujeitos, as entrevistas narrativas vão se ajustando ao foco de cada pesquisa e aos problemas que buscamos investigar. Em cada uma dessas experiências, um novo aprendizado. Nas pesquisas feitas em equipe, essa aprendizagem é sempre mais rica, pois cada etapa é preparada com as contribuições de um coletivo. Outras vezes, o trabalho é feito solitariamente pelo(a) pesquisador(a), que acaba aprendendo com os seus próprios erros e acertos. Entretanto, talvez pelas características da narrativa, mesmo aquelas entrevistas que pareciam menos ricas, por sua brevidade, sempre acabam surpreendendo o(a) pesquisador(a) no processo de análise. Em nossas experiências, elas sempre revelam serem mais ricas do que apareciam no momento de sua realização, apontando aspectos fundamentais para a reflexão proposta em cada pesquisa. Entrecruzando questões comuns e específicas, o conjunto das narrativas e a sua análise oferecem questões que muito dificilmente apareceriam em entrevistas semiestruturadas, oferecendo novos rumos para as reflexões acerca de temáticas diversas.

No trabalho com narrativas, o(a) pesquisador(a) torna-se parte do processo, na busca de reconstruir a totalidade dos sentidos das experiências narradas. O seu trabalho sobre uma rica fontes de dados – narrativas elaboradas com as particularidades concretas da vida – pode dar origem a relatos poderosos, o que torna a investigação narrativa um rico campo de pesquisa em várias áreas do conhecimento. É nessa perspectiva que ela tem sido cada vez mais buscada nas pesquisas educacionais, principalmente nos estudos com professores(as) acerca de suas experiências, envolvendo temas diversos relacionados à sua formação e às suas práticas de ensinar e de interagir com os alunos na escola e na sala de aula.

Colher narrativas de professores(as) e de alunos(as) sobre suas experiências escolares tem sido apontado pelos pesquisadores como uma forma de permitir aos sujeitos o recriar de suas próprias experiências, gerando novos sentidos que aprofundam e esclarecem a sua compreensão acerca dessas experiências. Se as pessoas contam histórias das suas vidas, a tarefa do pesquisador é descrever e reconstruir essas histórias, é capturar sua complexidade, contribuindo para pensar os processos educacionais através da riqueza das experiências vividas por seus protagonistas. Dar a palavra aos professores e aos alunos, partilhar com eles suas histórias, nesse sentido, é uma forma de lhes possibilitar reflexões sobre suas ações, ajudando a compreender as complexidades do ensino/aprendizagem através de conhecimentos plenos de significação pessoal, como observou Galvão (2005). Tais reflexões permitem, ainda, possibilidades de oferecer a professores e alunos os recursos necessários para se desenvolverem, transformarem e contruirem um futuro.

No caso dos(as) professores(as), analisar suas histórias por meio de metodologias narrativas, conforme ressaltou Galvão (2005), oferece a oportunidade de compreendermos sua cultura do seu ponto de vista, tornar pública suas vozes e revelar seus conhecimentos. Nessa direção, variadas formas de investigação narrativa têm sido utilizadas na área da Educação: biografias, autobiografias, histórias de vida, narrativas pessoais, entrevistas narrativas, memórias populares. Segundo Galvão (2005), elas podem contribuir para explorar os conceitos e estratégias de ensinar utilizadas pelos(as) professores(as) em salas de aula; para suscitar reflexões pedagógicas das professoras sobre suas próprias práticas e como processo de formação, na medida em que lhes permitem uma quebra de rotina diária para verbalizar processos inconscientes diante da oportunidade dada por um ouvinte que desencadeia a sua reflexão sobre a prática. Essa autora menciona pesquisas realizadas com professores(as) em início de carreira e com professores(as) no Ensino Superior em projetos de codocência, exploradas em seu potencial de reflexão pedagógica e de formação.

Dentre as experiências que participamos utilizando entrevistas narrativas, destacamos a pesquisa "Memórias e trajetórias de gerações de professores e estudantes negros na UFMG"[5], cuja intenção foi compreender as questões e processos relacionados à temática étnico-racial, mais especificamente à condição de negro(a), inscritos nas trajetórias acadêmicas de professores e estudantes na Universidade Federal de Minas Gerais (UFMG) que se autoidentificaram nessa categoria. Este estudo se associou a um dos projetos que integram o UNIAFRO, um Programa de Ações Afirmativas para a População Negra nas Instituições Públicas de Educação Superior, que visa apoiar e incentivar o fortalecimento e a institucionalização das atividades dos Núcleos de Estudos Afro-Brasileiros (NEABs) ou grupos correlatos das Instituições Públicas de Educação Superior.

Levando-se em consideração o fato de que as universidades públicas no Brasil são espaços tradicionalmente marcados pela sub-representação

---

[5] Integramos a equipe de pesquisadores que era composta por bolsistas de Iniciação Científica, alunos da pós-graduação e professores da FaE/UFMG.

da população negra, surgiu a necessidade de focalizarmos as trajetórias e vivências desse grupo minoritário no ensino superior e, assim, buscarmos compreender como conseguiram ingressar na UFMG, apesar de estarem inseridos em uma construção social e histórica baseada em um processo de exclusão e discriminação racial e em condições de desigualdade de oportunidades.

Fomos orientadas pela problemática em torno de como a Universidade trabalha e reconhece as diferenças e diversidades dentro de seu espaço. Nesse sentido, buscamos registrar e reconstituir a memória desses professores e estudantes negros, conhecer sua origem, trajetória e as condições de chegada e inserção na vida acadêmica. Para isso, escolhemos a entrevista narrativa como instrumento privilegiado para ouvir suas experiências significativas durante esse percurso, bem como suas angústias, desafios, desejos, sonhos e expectativas. Além da dimensão étnico-racial dos sujeitos da pesquisa, consideramos também os aspectos geracionais, a condição socioeconômica e cultural, a origem rural ou urbana, a condição de gênero, as áreas do conhecimento e formação universitária.

Assim, por meio do exercício da memória dos sujeitos, colhemos narrativas de gerações de professores(as) e de estudantes da UFMG que se autoidentificam como negros, focalizando dois momentos: o que antecede a entrada na universidade e que se relaciona com esse acesso, e o período de vida acadêmica nessa instituição.

A pesquisa teve como foco o estudo das narrativas produzidas por professores aposentados e em atividade que atuaram nas décadas de 1970, 1980 e 1990 e que foram também estudantes na UFMG e estudantes de graduação e pós-graduação regularmente matriculados no ano de 2006. É importante ressaltar que esse estudo, como qualquer outro de natureza qualitativa, não teve pretensão alguma de representabilidade estatística; no entanto, uma das nossas preocupações foi direcionar a escolha dos sujeitos no intuito de contemplar a diversidade dentro do universo representado pela totalidade de professores e estudantes negros da UFMG. A intenção foi cobrir as oito áreas do conhecimento, assim distribuídas: Ciências Agrárias; Ciências Biológicas; Engenharias; Ciências Exatas e da Terra; Ciências Humanas; Ciências da Saúde; Ciências Sociais Aplicadas; Linguística, Letras e Artes.

Dessa maneira, foram realizadas 16 entrevistas com professores, sendo um representante de cada área do conhecimento por geração escolhida (1970, 1980 e 1990), e 20 entrevistas com estudantes, graduandos e graduados de variados cursos e áreas de conhecimento da UFMG, que se autoidentificaram como negros(as) e que se dispuseram a conceder a entrevista. Para a escolha dos/as entrevistados(as), utilizamos como critério a autoidentificação do sujeito como negro(a) e a disponibilidade em participar do estudo e privilegiamos as indicações de amigos(as), professores(as) e alunos(as).

Cabe ressaltar que a equipe dessa pesquisa foi "movida pela idéia da pesquisa como prática social e política, e não como mera atividade técnico-formal do mundo acadêmico-científico, além de suas dimensões éticas e estéticas a serem consideradas" (TEIXEIRA; PRAXEDES; PÁDUA *et al.*, 2006, p. 230). Durante o percurso da pesquisa, muitos esforços foram empreendidos visando à formação dos bolsistas e dos pesquisadores da equipe. Cursos, minicursos e seminários foram oferecidos estruturados em dois eixos centrais: o eixo da formação teórico-conceitural em relação à temática étnico-racial no Brasil e o eixo da formação para a pesquisa nos domínios das Ciências Sociais, da História Oral, da Entrevista Narrativa, em particular, que considerou discussões e estudos teórico-metodológicos e exercícios/atividades práticas.

Outro aspecto a considerar a respeito dessa experiência foi a importância atribuída ao processo de restituição, entendido como um efetivo instrumento de retorno e contrapartida aos sujeitos da pesquisa – estudantes e professores/as negros/as da UFMG –, assim como de diálogo com a comunidade científica e a sociedade em geral. A restituição se deu através da devolução da entrevista transcrita para o entrevistado e também pela constituição de um acervo documental (fitas das entrevistas, transcrições, relatórios de pesquisa) que está sob a tutela do Programa de História Oral da UFMG, do Programa de Ações Afirmativas na UFMG e do Núcleo de Estudos e Pesquisa sobre Formação e Condição Docente (PRODOC).[6]

---

[6] No caso de abertura do acervo à comunidade, é preciso que as entrevistas estejam devidamente tratadas, e isso requer alguns procedimentos essenciais, tais como: controle interno sobre o conjunto de depoimentos liberados e acréscimo de dados informativos em fichas catalográficas (temática, modalidade da entrevista, nome do entrevistado, nome do entrevistador, data, informações sobre as formas de consulta em relação à publicação, citações e cópia). Para o arquivamento recomenda-se que as entrevistas – em sua forma final – sejam arquivadas em pastas por tema e em ordem alfabética. Recomenda-se, ainda, a microfilmagem das transcrições e arquivo duplicado, no caso de fitas K7.

Os resultados dessa pesquisa deram origem a publicação de textos acadêmicos, no intuito de compartilhar os resultados com a comunidade científica e produzir o diálogo com outros estudos produzidos no país sobre o mesmo tema.[7]

Breves considerações

A pesquisa com narrativas é sempre rica em experiência humana, mas também difícil, por implicar uma postura metodológica de interação baseada na confiança mútua e na aceitação da sua importância. Nesse sentido, como já dissemos, o trabalho com entrevistas narrativas começa bem antes, no trabalho de desbloquear desconfianças iniciais e estabelecer uma relação franca entre pesquisadores e pesquisados. Mas prossegue em um trabalho demorado de dedicação constante, em especial na fase de análise, sempre mais rica quando conta com a participação dos sujeitos envolvidos.

A interpretação de narrativas ainda continua um desafio para os pesquisadores, exigindo o domínio de técnicas específicas[8], mas sempre sem a pretensão de esgotar outras possibilidades de interpretações e análises, deixando em aberto outros sentidos. Daí a importância do estudo prévio do método de análise e das possíveis implicações da escolha feita, como ressaltou Galvão (2005). Para a autora, um cuidado especial deve ser dedicado à apresentação das histórias narradas, em que se busque um equilíbrio entre as exigências de um texto científico, porém, sem renunciar ao prazer da leitura que deve provocar no leitor.

---

[7] Ver TEIXEIRA, PRAXEDES e PÁDUA *et al.* (2006). Em 2009 foi publicado o livro *Memórias e percursos de professores e negros negras na UFMG*, organizado por Teixeira e Praxedes, pela Autêntica Editora. Outros trabalhos que resultaram dessa experiência foram apresentados em eventos, como: "Memórias e trajetórias de gerações de professores e estudantes negros na UFMG", de TEIXEIRA e PÁDUA (2006), no II Congresso Internacional de Pesquisa (Auto)Biográfica (CIPA).

[8] A análise de narrativas pode seguir diferentes técnicas ou métodos. Galvão (2005) destaca, por exemplo, o modelo sociolinguístico, cuja ênfase é colocada em suas propriedades formais, cada qual com uma função. Esse modelo divide a narrativa em seis elementos: o *resumo*, que contém a substância da narrativa; a *orientação*, que se refere às informações sobre o tempo, lugar, situação e participantes; a *complicação da ação*, contendo a sequência dos acontecimentos; *avaliação*, que sintetiza o sentido e significado da ação para o narrador; a *resolução*, que se refere ao modo como a situação foi resolvida e a *Coda* ou fim da narrativa. Esse modelo se restringe ao encadeamento sequencial do discurso e, por isso mesmo, a autora recomenda que ele seja complementado por outros, que poderão examinar as relações entre as frases ou o modo como a história é narrada com as hesitações e pausas, avaliando a sua organização, coerência e sentido.

Para obter tais resultados, é necessário ao(à) pesquisador(a) uma grande capacidade de interação com o outro, uma disponibilidade psicológica para ouvir e uma habilidade de transmitir para o papel as experiências analisadas, cumprindo as exigências científicas e os requisitos das histórias significativas. Daí a importância, como ressaltou Galvão (2005), de explicitar os pressupostos teóricos e metodológicos e os contextos sociais e culturais dos participantes do estudo.

Por se tratar de fenômenos e acontecimentos reais, que dizem respeito à vida das pessoas entrevistadas e também a um coletivo maior, a comunidade de interesse, o trabalho com narrativas nos convida constantemente a pensar nossas falhas e nossos processos constantes de mudança. Contar e ouvir histórias também nos humaniza no aprendizado de interação cuidadosa com os outros que generosamente nos oferecem suas narrativas. Ainda nos ensina, como lembrou Galvão (2005), a dar atenção aos pormenores que fazem avançar a história e fazê-la mudar de direção. Enfim, são nesses caminhos que as identidades se constituem permanentemente, sendo o potencial das narrativas o trânsito por esse limiar entre o geral das questões apresentadas e o particular de cada pessoa que as narra.

Por serem mais abertas às significações dos sujeitos, as entrevistas narrativas têm se mostrado bastante fecundas, já que favorecem a emergência de novas reflexões sobre o problema estudado, atravessadas pelas singularidades dos sujeitos, das imagens das experiências vividas e da memória. Como Benjamin (1996) e Matos (2001) apontaram, elas favorecem que também o(a) pesquisador(a) as reinterprete com mais liberdade, nutrindo-se delas para repensar o vivido e suas próprias experiências, além de enriquecer o discurso científico com novas e ricas imagens, plenas de sentidos e de experiências. Enriquecido pela trama das narrativas, o estilo dos textos produzidos torna-se mais fluente e mais próximo da literatura, mas, sobretudo, nos ajuda a refletir sobre questões que dizem respeito a todos, nestes difíceis e complexos tempos em que vivemos.

Referências

BENJAMIN, Walter. O Narrador: considerações sobre a obra de Nikolai Leskov. In: *Obras Escolhidas. Magia e técnica, arte e política.* 7. ed. São Paulo: Brasiliense, 1996.

CONELLY, F. Michael; CLANDININ, D. Jean. Relatos de Experiencia e Investigación narrativa. In: LARROSA, J. *et al. Déjame que te cuente: ensayos sobre narrativa y educación.* Barcelona: Laertes, 1995.

FLICK, Uwe. *Uma introdução à pesquisa qualitativa.* 2. ed. Porto Alegre: Bookman, 2004.

GALVÃO, Cecília. Narrativas em Educação. *Ciência & Educação,* v. 11, n. 2, p. 327-345, 2005. Disponível em: <http://www2.fc.unesp.br/cienciaeeducacao/viewarticle. php?id=98>. Acesso em: 25 maio 2009.

LARROSA, Jorge. Notas sobre narrativa e identidade (a modo de presentación). In: ABRAHÃO, Maria Helena Menna Barreto (Org.). *A aventura (auto) – biográfica: teoria e empiria.* Porto Alegre: EDIRUCRS, 2004.

MALINOWSKI, B. Objeto, método e alcance desta pesquisa. In: GUIMARÃES, A. Zaluar (Org.). *Desvendando Máscaras Sociais.* Rio de Janeiro: Francisco Alves, 1975.

MATOS, Olgária. A narrativa: metáfora e liberdade. *História Oral, Revista da Associação Brasileira de História Oral,* n. 4, jun. 2001.

MINAYO, M. Cecília. *Pesquisa social: teoria, método e criatividade.* Petrópolis: Vozes, 1996.

PÁDUA, Karla Cunha. *"Pegando as frutinhas que estão melhor para comer": afirmação de diferenças e transformações culturais em contextos de formação de educadores indígenas.* 296 f. Tese (Doutorado em Educação) – Faculdade de Educação, Universidade Federal de Minas Gerais, Belo Horizonte, 2009.

PETITAT, André. Entre história e sociologia: uma perspectiva construtivista aplicada à emergência dos colégios e da burguesia. *Teoria & Educação,* Porto Alegre, n. 6, p. 135-150, 1992.

TEIXEIRA, I. A. C.; PRAXEDES, V. L.; PÁDUA, K. C. *et al. Memórias e Percursos de Estudantes Negros e Negras na UFMG.* Belo Horizonte: Autêntica 2006.

TEIXEIRA, Inês A. de Castro; PÁDUA, Karla Cunha. Virtualidades e Alcances da Entrevista Narrativa. In: CONGRESSO INTERNACIONAL SOBRE PESQUISA (AUTO) BIOGRÁFICA, II, 2006, Salvador. *Anais...* Salvador: UNEB, 2006. 1 CD-ROM.

WIEVIORKA, Michel. *A diferença.* Lisboa: Fenda, 2002.

Fazendo tipo:
o uso da Etnografia no contexto escolar

Mauro Giffoni de Carvalho

> *As únicas fontes etnográficas de valor científico indiscutível*
> *são aquelas nas quais podemos claramente estabelecer*
> *uma distinção entre, de um lado, os resultados das*
> *observações diretas e das declarações e interpretações*
> *dos sujeitos, e, de outro lado, as inferências do autor,*
> *baseadas no seu bom senso e percepção psicológica.*
>
> MALINOWSKI

A Etnografia vem ganhando espaço cada vez maior nos diversos campos do conhecimento, particularmente no meio educacional, para o qual tem trazido diversos questionamentos sobre a utilização, a fundamentação e as limitações de sua adoção. Este artigo tem como objetivo discutir criticamente o uso da Etnografia no contexto escolar. Para tal, pretende-se apresentar como ela tem sido apropriada pelos pesquisadores no meio educacional, procurando identificar alguns pontos críticos desse modismo, neutralizador do caráter antropológico da etnografia.

Introduzida nas pesquisas realizadas no meio educacional brasileiro, a partir da década de 1980, desde então, diversas produções científicas, oriundas das pós-graduações em Educação, vêm adotando a metodologia etnográfica (ANDRÉ, 2005).

O encontro dos pesquisadores educacionais com a perspectiva etnográfica ocorreu dentro do debate de que diferenças culturais entre os atores escolares constituiriam fator decisivo no processo de ensino aprendizagem. A literatura educacional daquele período indicava a existência de um certo descontentamento dos pesquisadores no Brasil e na América

Latina acerca da forma como a escola vinha sendo descrita e estudada, como descrito em Souza (2006). Seguindo um movimento ocorrido uma década antes nos Estados Unidos e Grã-Bretanha, propunha-se uma ruptura com as formas tradicionais da pesquisa educacional, procurando superar o distanciamento entre o pesquisador e o grupo pesquisado, situando-os num processo social, cultural e histórico.

Em comum, os autores que iniciaram esse movimento (EZPELETA, ROCKWEEL, 1986; DELAMONT, HAMILTON, 1991; WOLCOTT, 1995; PATTO, 1991, dentre outros) destacaram a importância da abordagem etnográfica para a identificação e análise da heterogeneidade na vida cotidiana escolar, diferenciando-a de outras linhas metodológicas que tradicionalmente procuravam investigar a natureza causal do fenômeno. A tônica seria o desvelamento da "caixa preta" que envolve a cultura escolar como um todo, numa sala de aula em particular ou nas interações interpessoais desenvolvidas no âmbito escolar.

Expressões como "retratar e compreender o cotidiano das escolas", "conhecer a escola por dentro", "viver a interação escolar", ou ainda, "apreender o cotidiano da escola" passaram a ser frequentes nas pesquisas e nos trabalhos acadêmicos do campo educacional. A difusão da Etnografia nas pesquisas educacionais trouxe, porém, problemas de ordem teórica e metodológica, levando à questionamentos sobre a sua utilização, o seu grau de aprofundamento, a sua adaptabilidade, a sua teorização e a sua prática no espaço escolar.

A esse respeito, Cardoso (2004) comenta que, embora seja louvável e saudável a volta ao trabalho de campo nas pesquisas sociais como forma de aproximação, de conhecimento e de identificação com os propósitos políticos entre pesquisador e pesquisado, nesse "modismo" da Educação vem ocorrendo um ecletismo, disfarçado de pragmatismo ou de politização, nas discussões metodológicas, deixando-se de lado os compromissos teóricos e políticos que a Etnografia requer. Tal situação, complementa a autora, tem levado ou à eliminação ou à distorção de passos importantes da pesquisa etnográfica, os quais serão discutidos ao longo desse texto.

Considera-se que, no processo de aproximação da Etnografia com a Educação, esteja havendo uma supervalorização da técnica etnográfica em detrimento de seus fundamentos epistemológicos.

A etnografia dos antropólogos e a etnografia dos educadores

A etnografia dos Antropólogos

Existem, na literatura atual, várias indicações de como iniciar e proceder uma pesquisa etnográfica, tais como uso de técnicas de entrevistas, trabalho com informantes, observação participante entre outras (MAANEN, 1995; WOLCOTT, 1995; FLICK, 2004; GEERTZ, 1989; DAMATTA, 1978; CARDOSO, 2004; ZALUAR, 2004; dentre outros).

O termo etnografia refere-se tanto ao processo de realização da pesquisa – que envolve o trabalho de campo e requer a reorganização e edição de todo material para a apresentação - quanto à apresentação do trabalho escrito propriamente dito, o produto da pesquisa (WOLCOTT, 1995).

Em termos gerais, a Etnografia refere-se ao estudo da(s) cultura(s) de um determinado grupo social, podendo indicar tanto o método de estudo quanto o seu resultado. Quando utilizada, metodologicamente, a etnografia refere-se ao campo de trabalho conduzido por um único investigador que convive com aqueles que estuda, por um longo período de tempo, usualmente um ano ou mais. Quando utilizada para indicar um resultado, a etnografia comumente se refere à representação escrita da cultura (FLICK, 2004; MAANEN, 1995; GEERTZ 1989).

Contemporaneamente, estudiosos da cultura enfatizam o seu último uso, definindo a etnografia em termos de suas características retóricas, tais como estilo, descrição e argumentação feitos por um autor e apresentados num texto. Um texto para ser considerado, axiomaticamente, etnográfico deve procurar representar, interpretar, ou melhor, traduzir uma cultura ou aspectos dela selecionados, para leitores que são ou não familiares àquela cultura. "No caso da etnografia, o que continuamos procurando é um estudo de uma determinada cultura, vivida por um grupo particular, num lugar específico, que fazem coisas em tempos particulares" (MAANEN, 1995, p. 23).

Este enfoque cultural distinto da etnografia é enfatizado pelos antropólogos,quando afirmam que "é dentro de uma orientação cultural que se encontra o significado da estrutura, necessário para guiar a pesquisa e focalizar a interpretação" (WOLCOTT, 1995, p. 88). Nesse sentido, engajar-se no pensamento etnográfico significa buscar, num movimento contínuo, um diálogo intelectual sobre o que é a cultura em geral e as influências da cultura, numa tentativa de se retratarem aspectos específicos dessa cultura em um grupo humano em particular.

Wolcott (1995) chama atenção para o fato de que, embora a compreensão de cultura seja determinante para a orientação conceitual e para todo o desenvolvimento da pesquisa etnográfica, ela não está lá, esperando o pesquisador, recatadamente, para ser descoberta. Ao contrário, cultura – uma explícita orientação conceitual que fundamenta todo o fazer etnográfico – está lá porque o etnógrafo colocou-a lá.

Todavia, os antropólogos são cautelosos em suas afirmações sobre cultura,[1] preferindo, ao invés de defini-la ou conceituá-la, fazer referência em seus trabalhos como uma interpretação cultural. Cultura é uma abstração baseada nas observações do etnógrafo sobre o comportamento real, feita de conceitos, crenças, e princípios de organização e ação que ele encontra no seu trabalho de campo. "A cultura é imposta, não observada, e não existe nenhuma etnografia até que a cultura faça a sua entrada, não importa de que forma"(GEERTZ, 1989, p. 87).

Por ter esse enfoque cultural, a etnografia não é uma questão de métodos, como observa Geertz (1989). Para esse autor, não são as técnicas ou processos que a definem, mas, antes de tudo, um tipo de esforço intelectual, de interpretação, que ele representa para uma descrição densa de uma cultura em particular.

As descrições etnográficas, em relação a um determinado grupo, partem de um sistema de análise científica e devem ser encaradas como interpretações que as pessoas desse grupo fazem a partir de suas experiências particulares e coletivas. Por isso, o trabalho etnográfico é realizado tendo como referência as interpretações do etnógrafo, que são

---

[1] Geertz (1989) considera que a definição sobre a cultura, especialmente na Antropologia, é interminável, podendo ser tomada, muitas vezes, por seus debatedores, ora como subjetiva ou objetiva, ora como conduta padronizada ou um estado da mente, ora como as duas coisas juntas. Nesse debate, no clássico *Mirror for Man*, Clyde Kluckhohn tentou dar diferentes definições sobre a cultura: "(1) o modo de vida global de um povo, (2) o legado social que o indivíduo adquire do seu grupo, (3) uma forma de pensar, sentir e acreditar, (4) uma abstração do comportamento, (5) uma teoria, elaborada pelo antropólogo, sobre a forma pela qual um grupo de pessoas se comporta realmente, (6) um celeiro de aprendizagem em comum, (7) um conjunto de orientações padronizadas para os problemas recorrentes, (8) comportamento aprendido, (9) um mecanismo para a regulamentação normativa do comportamento, (10) um conjunto de técnicas para se ajustar tanto ao ambiente externo com em relação aos outros homens, (11) um precipitado da história (GEERTZ, 1989, p. 14).

feitas sobre as interpretações dos nativos acerca de suas vivências e representações. Na verdade, essas interpretações do etnógrafo são consideradas "interpretações de segunda mão", pois são interpretações de interpretações (GEERTZ, 1989) ou, como diriam os pós-modernistas, uma metanarrativa.

Em suma, para os antropólogos, uma pesquisa somente merecerá o rótulo de etnográfica se seu produto final tiver um compromisso com a interpretação cultural, ou seja, se estiver comprometida com a observação e a tentativa de buscar sentido para o comportamento social em termos de configuração cultural.

A Etnografia dos educadores

Nas discussões metodológicas acerca do uso Etnografia no campo educacional, nas últimas décadas, podem-se encontrar diferentes concepções a respeito do papel do pesquisador, da autoria de suas observações e da relação conhecimento-poder.

A Etnografia tem influenciado e contribuído de forma significativa na investigação do processo educacional. Seu enfoque cultural proporciona uma compreensão da prática escolar contextualizada, isto é, considera a prática educativa (ou cultura escolar) inserida num conjunto e integrada a uma relação dinâmica com os aspectos culturais mais amplos. Assim, a Etnografia rompe com o modelo de investigação clássica, na qual as propriedades e o comportamento das partes determinam as do todo, invertendo-o: é o todo que determina o comportamento das partes.

Uma das características da abordagem etnográfica na Educação está no fato de ela envolver uma forma não tradicional de pesquisa nas Ciências sociais (AGAR, 2004). A possibilidade de estudar a prática escolar sob novos ângulos, a flexibilidade metodológica, a disponibilidade de uma gama de possibilidades de como começar o trabalho de campo, de como entrevistar, de como observar e, até mesmo, de como construir relações que permitam um trabalho conjunto sobre certas ideias e interpretações, deu à etnografia um grande prestígio e uma grande popularidade na investigação educacional.

André (2005) analisa que, a partir da década de 1990, tornou-se possível avaliar as formas de utilização da Etnografia nas pesquisas educacionais, bem como destacar a fragilidade dos estudos que dela se apropriaram.

Talvez, vítimas da rapidez com a qual as coisas evoluem numa sociedade capitalista, cuja lógica valoriza mais a competitividade em detrimento da cooperatividade, com prazos cada vez mais curtos estabelecidos para a realização de pesquisas nos programas de pós-graduação e nas agências de fomento de pesquisa, muitos investigadores estariam sendo levados pela pressa em a identificar os problemas educacionais, analisar suas causas e propor soluções ou estratégias (GROULX, 2008), à luz dos princípios da Etnografia. Nesse processo, André (2005) chega a argumentar que, na realidade, o que se tem feito nas pesquisas é "uma adaptação da etnografia à educação, o que me leva a concluir que fazemos estudos do tipo etnográfico e não etnografia no seu sentido estrito" (p. 28).

"Tipo", segundo Ferreira (1995), é "coisa que se usa para produzir outras semelhantes, [...] modelo a ser imitado". Ou seja, o termo "tipo etnográfico" não tem o mesmo significado que o termo "etnográfico". É como se o pesquisador fizesse, na sua pesquisa, uma imitação ou adaptação da metodologia etnográfica na escola. Às vezes, pode-se encontrar, em alguns trabalhos, uma derivação do "tipo etnográfico" como "uma não uma etnografia no sentido estrito". Os dois casos denotam uma consideração equivocada e uma fragilidade do uso da Etnografia que não é compreendida em toda a sua amplitude nem adquire uma posição epistemológica e metodológica apropriadas. Do ponto de vista epistemológico, toda metodologia, argumenta Pires (2008, p. 54), "[...] tem suas próprias exigências normativas, mesmo quando ela se caracteriza por uma abertura à revisão".

Esse equívoco está, basicamente, sustentado por uma visão do simples uso das técnicas tradicionalmente associadas à Etnografia. Em outras palavras, é como se acreditassem que sua participação numa entrevista, numa observação participante ou sua inserção noutra atividade escolar os tornassem etnógrafos praticantes.

André (2005) identificou em sua pesquisa no campo educacional[2] que tal adaptação vem corrompendo caráter o antropológico da Etnografia. Ao classificar indiscriminadamente pesquisas no campo educacional como "tipo etnográfico", sob a alegação de se estarem utilizando os mesmos instrumentos de investigação e aproximação etnográficos, corre-se o risco de introduzir indesejáveis distorções semânticas no universo cultural da escola.

---

[2] Não se tem aqui a intenção de apontá-las, mas para o leitor basta fazer uma busca simples pelos termos "tipo etnográfico", "base etnográfica", "fundo etnográfico" para se constatar essa difusão.

Embora aberta e flexível, a Etnografia requer uma perspectiva teórica definida, um enfoque epistemológico claro da Antropologia, enquanto que a simples utilização de técnicas etnográficas na escola pode se tornar, como observou Zaluar (2004, p.123), "num aproximar um pouco do nativo", mas sem aprofundar no significado do mundo simbólico e social dos atores escolares. Nessa mesma direção, a pesquisa etnográfica não se limita à descrição de lugares, pessoas ou de falas. André (2005, p. 46) acrescenta que essa "concepção limitada tem produzido trabalhos *do* cotidiano da escola, mas não *sobre* o cotidiano da escola", faltando neles reflexões mais aprofundadas sobre a vida escolar, suas especificidades e relações com os aspectos culturais mais amplos. Além disso, complementa a autora, são escassas as ligações orgânicas entre a teoria e o trabalho empírico realizado.

Erickson (1988) lembra que não se deve perder de vista a centralidade do conceito de cultura na pesquisa etnográfica na escola, pois, em qualquer campo estudado, o estudo etnográfico sempre focalizará a apreensão e a descrição dos significados culturais dos sujeitos envolvidos.

Diante das constatações apontadas acima, propõe-se comentar alguns aspectos relativos às apropriações da etnografia no espaço escolar. Tal decisão se justifica dado que as consequências da sua adoção, no contexto educacional, nem sempre são as mais favoráveis para a realização de uma boa pesquisa qualitativa.

Uma fundamentação "tipo" antropológica

O primeiro ponto a ser abordado em relação às críticas que se fazem ao uso da Etnografia na escola é a de que estas revelam, por vezes, falta de conhecimento dos fundamentos antropológicos mais essenciais ou banalizam "verve etnográfica" como uma virtude do pesquisador que quer mostrar a sua sensibilidade na relação intersubjetiva com seu trabalho de campo, em detrimento do enfoque cultural.

Pesquisas realizadas por Wolcott (1995) ressaltam a falta de familiaridade com a literatura etnográfica de pesquisadores, cuja atração pela etnografia é muito mais baseada pelo entusiasmo que pela informação.

De modo geral, nas propostas de fundamentação teórica, os focos da Etnografia e da Educação se distinguem. A Etnografia está voltada para a descrição da cultura de um determinado grupo social, suas práticas, hábitos, valores, crenças, linguagens e significados, enquanto que, na Educação, o enfoque é o próprio processo educativo (ANDRÉ, 2005). A Educação depende da aplicabilidade de conhecimentos e

> [...] do desenvolvimento de teorias próprias, da seleção adequada de procedimentos e instrumentos, da análise interpretativa dos dados, de sua organização em padrões significativos, da comunicação precisa dos resultados e conclusões e da sua validação pela análise critica da comunidade cientifica (ALVEZ-MAZZOTTI, 2001a, p. 48).

De um lado, a Educação pode ser caracterizada como prática social, na qual a escola pode ser definida como um espaço historicamente circunscrito e ordenado pelo dinamismo de seus atores (DAYRELL, 2001). O seu cotidiano é marcado por vivências, experiências nas quais professores, alunos, especialistas, funcionários e comunidade constroem e reconstroem conhecimentos e saberes. Sua função sociocultural, como aponta Rodrigues (2001, p. 235), é

> [...] preparar os indivíduos em crescimento (crianças e adolescentes) para assumirem papéis sociais relacionados à vida coletiva, à reprodução das condições de existência (trabalho), ao comportamento justo na vida pública e ao uso adequado e responsável de conhecimentos e habilidades disponíveis no tempo e nos espaços onde a vida dos indivíduos se realiza. Ao redor desses aspectos se desdobra o conjunto das ações educativas a serem desempenhadas pelos sujeitos educadores, entre eles a escola.

De outro, como aponta Geertz (1989), a Etnografia distingue-se da Educação em sua própria origem, ou seja, surge a partir das experiências de antropólogos em tribos indígenas, nas ilhas do pacífico e nas linhagens africanas. Para o autor, a apropriação da Etnografia, sem a devida fundamentação antropológica por outros campos do conhecimento, incluindo aqui a Educação, transformou-a num "importante problema metodológico, na maior parte das vezes muito mal manuseado" (p. 31).

Assim, diferentemente da perspectiva educacional, a experiência etnográfica está permeada de toda uma fundamentação antropológica que permite coletar e organizar os detalhes de uma apresentação etnográfica, não se limitando à narração de eventos ou de relatórios de observação ou de entrevistas, mas, essencialmente, quando os submete à uma teoria do comportamento cultural. DaMatta (1994) exemplifica que a Etnografia busca, diversamente do processo educativo, enfrentar ou resolver uma problemática cultural, por meio de uma narrativa.

Partindo desse pressuposto, Geertz (1989) conclui que nem todo pesquisador qualitativo necessita realizar uma pesquisa etnográfica, mas todo pesquisador que vai realizar uma etnografia necessita de uma estrutura ou sistema conceitual antropológico que lhe permita registrar e interpretar as ações sociais da cultura, de um grupo humano em particular.

Uma questão de tempo e de lugar

Vimos anteriormente que a Etnografia funciona como um instrumento de conhecimento e de aproximação com o outro. Ela visa, inicialmente, descrever densamente um determinado grupo social, suas relações, seus códigos de comunicação verbal, escrita, comportamental e corporal, seus valores, além de seus estilos de viver e modos de se relacionar. Posteriormente, procura organizar e interpretar os dados por meio de uma narrativa (GEERTZ, 1989).

Isso demanda tempo. Em termos práticos, o desenvolvimento do trabalho de campo do pesquisador inclui a observação e a participação da vida diária das pessoas, escutando, fazendo perguntas e coletando qualquer dado disponível, com a finalidade de gerar narrativas, por um período relativamente prolongado de tempo (FLICK, 2004).

Mattos (2001) mostra bem o quanto o tempo pode ser uma condição *sine qua non* para a realização de uma pesquisa etnográfica de qualidade:

> Tanto a etnografia mais tradicional (GEERTZ, 1989; LÉVI-STRAUSS 1964) quanto a mais moderna (ERIKSON,1992; WOODS, 1986; MEHAN, 1992; SPIDLER,1982; WILLIS, 1977), envolvem longos períodos de observação, um a dois anos, preferencialmente. Este período se faz necessário para que o/a pesquisador/ra possa entender e validar o significado das ações dos/as participantes, de forma que este seja o mais representativo possível do significado que as próprias pessoas pesquisadas dariam a mesma ação, evento ou situação interpretada (p. 2).

No próximo capítulo, Sá Earp apresenta uma pesquisa etnográfica na escola na qual discute a cultura da repetência na sala de aula. Foi desenvolvida no período de dois anos, tempo suficiente, segundo a autora, para observar e descrever como diferentes salas de aula expressam, no seu interior, a cultura da repetência. A autora afirma que, somente após acuradas observações e uma extensa convivência no campo pesquisa – que envolveu dois anos de pesquisa de campo – foi possível apreender a cultura da repetência da sala de aula, funcionando como um elemento central para a compreensão do sistema de ensino brasileiro em que a sala de aula não é para todos.

Contudo, não é somente a duração do trabalho de campo que caracteriza uma Etnografia. Esta precisa também ser balizada por uma interpretação cultural adequada. DaMatta (1994) chama a atenção para a questão da relatividade do tempo: "Existe tempo e lugar para tudo: etnógrafos não tem que ser necessariamente holísticos, multiculturalistas, nem criar expectativas se gastarão um ano ou mais em campo, mas sim dialogar com uma certa problemática" (p. 39).

Um estudo etnográfico não necessariamente é mais demorado, nem sua coleta dados é mais complexa ou exigente de um maior número de entrevistas em comparação com outras pesquisas qualitativas. O que o caracteriza é o "tipo" de abordagem – cultural – que se faz em relação ao fenômeno estudado.

Semelhantemente ao que ocorre com a questão do tempo, o local da realização do trabalho de campo não é o foco central da pesquisa etnográfica. Como argumenta Geertz (1989), o *locus* do estudo não é o objeto do estudo" (p. 32). Nessa visão, os antropólogos não estudam aldeias, tribos ou escolas, e sim nas aldeias, nas tribos e nas escolas.

Em outras palavras, não é o lugar que define o objeto de estudo do pesquisador, mas sim um trabalho de campo "quase obsessivo de peneiramento, a longo prazo e altamente participante" (GEERTZ, 1989, p. 33), no qual ele desenvolverá a sua interpretação cultural em relação a um grupo social particular.

Familiaridade e estranhamento

Para realizar o seu estudo, é preciso haver, por parte do investigador, um certo estranhamento em relação aos sujeitos e, ao mesmo tempo, alguma abertura no campo motivacional do grupo social. Isso só será possível se houver a permanência por um tempo maior do pesquisador no campo de trabalho para que possa compreender a cultura investigada de uma forma mais densa e ampla (GEERTZ, 1989).

Em relação ao fato de o pesquisador ser ao mesmo tempo o educador da escola e "estar lá", como um nativo na escola, isso não lhe confere, por si só, uma autoridade de conhecimento capaz de garantir a legitimidade e veracidade de seu texto etnográfico (GEERTZ, 1989). Reconhecer a impossibilidade de uma imparcialidade em relação ao seu objeto de estudo, bem como a complexa questão da objetividade/participação, torna-se um difícil empreendimento quando o pesquisador investiga uma escola que lhe é, na maioria das vezes, familiar. O grande risco é o questionamento de sua autoridade como pesquisador, uma vez que, imerso profissionalmente e pessoalmente na escola (grande parte dos educadores-pesquisadores desenvolve a pesquisa na própria escola em que atua como profissional), sua coleta de dados e, sobretudo, o seu texto final pode estar "contaminado" por preconceitos, pressuposições e por observações do senso comum (ANDRÉ, 2005).

A ciência antropológica mostra que as coisas não são o que elas parecem ser: os modos de entendimento do nativo e do pesquisador contrapõem-se, pois enquanto que o nativo rende-se aos horários, normas, programações e valores institucionais, o etnógrafo está sempre trabalhando e se esforçando para obter um "estranhamento", para entender uma cultura diferente da sua que precisa ser interpretada e melhor compreendida (BRUNNER, 1986; GEERTZ, 1989). Nessa perspectiva, o pesquisador não deve procurar tornar-se nativo, muito menos imitá-lo, verdadeiramente, deve se colocar como um sujeito não familiar.

Mesmo estabelecendo uma posição de estranhamento no contexto escolar, o pesquisador deve considerar a escola como instituição inserida numa sociedade complexa e multicultural e que as múltiplas relações que compõem o cotidiano escolar fazem parte do jogo que constituirá a base das pesquisas etnográficas na Educação (ERICKSON, 1988; AGAR, 2004, ANDRÉ, 2005).

Assim, antes de elaborar a sua escrita final, o pesquisador deve tomar para si a postura de estranhamento. Se ele falhar nesse distanciamento, correrá o risco de não conseguir selecionar, reordenar e trabalhar adequadamente os dados do campo e poderá, facilmente, cair na armadilha de descrever os seus dados sem impor uma análise ou estrutura cultural coerentes (HAMMRLEY; ATKINSON, 1983).

A presença do autor no texto etnográfico

Diante da presença ambígua do pesquisador no contexto escolar, de extrema familiaridade com o cotidiano das pessoas e, ao mesmo tempo, de exercitar continuamente um estranhamento em relação à cultura escolar, a narrativa etnográfica deve proporcionar um gênero textual, no qual a cultura estudada deve ser contextualizada em suas dimensões histórica, política, econômica, social e simbólica.

A Etnografia não é somente uma técnica de observação de campo, ela se caracteriza, sobretudo, pela construção de um determinado tipo de texto, que vai além do senso comum e visão corriqueira e rotineira dos atores escolares. Certamente, espera-se que a análise final, a partir dos dados coletados e construídos no campo, nos conduza a novas relações (já transformadas, modificadas e complexificadas), diferentes daquelas previstas no início da pesquisa.

Ao se engajar na Etnografia, o pesquisador educacional assume a responsabilidade de participar de um diálogo contínuo de definição e redefinição da cultura escolar como processo e produto. Isso implica buscar satisfatoriamente caminhos que clareiem a Etnografia para as outras pessoas, incluindo os membros dos grupos dos quais ele faz parte, bem como as instituições e pesquisadores colaboradores.

O trabalho de Wolcott (1995) revela o compromisso do etnógrafo ao coletar e organizar os detalhes de uma apresentação etnográfica: não narrar eventos como tais, mas submetê-los a uma teoria do comportamento cultural. Deixar os dados falarem por si mesmos pode parecer pretensão de eximir-se de qualquer responsabilidade quanto ao que se pode ver, ler, ouvir e interpretar. Somente o relato do investigador, legitimado pelas transcrições e observações de campo, não explicita e nem contextualiza as condições de produção desse discurso.

Assim, as alternativas para a superação da mera descrição de dados coletados são basicamente textuais, isto é, como encontrar uma forma de se construir um texto sobre a cultura investigada que incorpore um pensamento e uma consciência sobre seus procedimentos. O que importa é que na Etnografia os dados dependem das concepções, dos valores e dos significados culturais dos atores escolares pesquisados, devendo ser relativizados esses dados a todo momento (DaMatta, 1978), "apreendidos de um ângulo imprevisto", e não encaixados nas concepções teóricas do pesquisador.

Nessa perspectiva, a crítica contemporânea da Antropologia, sobretudo a dos Estados Unidos – Geertz (1988), Marcus e Cushman (1982), Clifford (1986, 1988), entre outros –, tem apontado para as mudanças nos temas e nos procedimentos das pesquisas decorrentes das modificações do macrocontexto. A grande questão, que se coloca hoje para a Antropologia, é a de analisar a presença do pesquisador, tanto no trabalho de campo quanto na elaboração do texto etnográfico, como constituinte do próprio conhecimento antropológico.

A autoria nos textos etnográficos, nessa visão, fica diluída e misturada (como um *pastiche*) juntamente com os outros discursos dos sujeitos da pesquisa, dando lugar às vozes que antes só apareceriam pela interpretação do pesquisador, minimizando, assim, a presença deste. Dessa forma, o texto, no final de cada trabalho de campo, fica parecendo uma pilhagem (no sentido de ruma, de coisas dispostas sobre as outras ou talvez, em algumas situações, de apropriação indébita) de muitos autores, não havendo, necessariamente, uma unanimidade de concordância de pontos de vista entre eles.

Na busca da produção do conhecimento etnográfico, o pesquisador dificilmente conseguirá ser um observador imparcial, pois estará sempre envolvido pelas tensões entre a compreensão científica e a percepção moral, entre a disciplina metodológica e a prática cotidiana. Ainda que seu estudo seja restrito a um determinado grupo, a relação do pesquisador com seu objeto de pesquisa implica uma reflexão sobre os seus valores, seu modo de vida, sua visão de mundo, seu papel no interjogo da cultura e do poder. O relato final da pesquisa poderá estar marcado, portanto, pela multisubjetividade, às vezes pela excessiva repetição ou *déjà-vu*, pela indisciplina e pela fragmentação, sendo sua coerência dada pela leitura particular que cada um fizer de sua narrativa, abrindo, paradoxalmente, ao leitor, a possibilidade de avaliar a autoridade investigativa, interpretativa, dialógica, polifônica, política e ética do texto e do autor.

Nessa direção, para Zaluar (2004, p. 112), existem vários problemas não resolvidos em relação à posição do pesquisador que utiliza uma metodologia etnográfica: "seria ele um líder, um educador, um dirigente ou um mero catalizador? Em qualquer um destes casos, como exerceria as atividades de pesquisador?". A resposta para essas questões pode estar no próprio pesquisador, isto é, em seus projetos intelectual e político, no uso da linguagem e na forma de se comunicar com o seu grupo de pesquisa, tudo isso apresentado no texto final de sua autoria. A presença dele no espaço educacional, *per se*, cria um novo campo de relações entre os diversos atores escolares que devem ser também objeto de reflexão.

Caso contrário, as ações do pesquisador podem vir a reforçar as relações de poder na escola, ao invés de pensar sobre elas.

O que se espera do pesquisador, afinal, é que possa fornecer um conhecimento teórico-prático, elaborado a partir do material etnográfico, que sirva para subsidiar as lutas específicas dos grupos estudados, sem ocupar o lugar de porta-voz ou líder desses grupos, podendo ser, no máximo, um aliado. Nessa perspectiva, uma etnografia não pode se restringir a uma mera aplicação de técnicas etnográficas no cotidiano escolar – como se fosse um lugar de coleta de dados –, mas deve envolver, fundamentalmente, um processo de reconstrução das práticas educativas, desvelando suas dimensões de poder, de articulação, de comunicação e de mudança, nas quais estão imersos os atores escolares.

Considerações finais

Apesar das críticas e limitações apontadas neste texto, a utilização da Etnografia na Educação trouxe importantes discussões e contribuições para esta, sobretudo nas séries iniciais da alfabetização, ao abrir a "caixa preta" do processo de escolarização, ao revelar as interações ocorridas no interior da escola, ao aproximar o pesquisador do dia a dia da escola, da sala de aula, da interação professor-aluno, em estreita conexão com os fatores socioeconômico e culturais circundantes e criando as pesquisas do cotidiano escolar. A Etnografia também possibilitou o conhecimento de como a escola produz e reproduz as desigualdades sociais no seu cotidiano, com quais mecanismos ela opera a repetência, como os alunos representam a escola e o processo de escolarização, e como os professores representam e desempenham o trabalho docente. Esse conhecimento advindo das pesquisas etnográficas tem servido de referência para discussão da formação docente e para a alfabetização (ERICKSON, 1986; MEHAN, 1992; SOUZA, 2006).

Para o pesquisador que pretenda utilizar a pesquisa etnográfica no espaço escolar, é importante que, além de sua sensibilidade, abertura e flexibilidade para descoberta de novos significados culturais, ele se prepare e avalie bem o seu tempo de permanência na escola, assim como aprenda a lidar com a dupla posição do pesquisador na sua interrelação com os atores escolares: ora de aproximação, ora de afastamento, como sugere a epígrafe de Malinowski presente neste texto.

Espera-se ainda que realize uma mediação entre a teoria e a prática experienciada no campo de investigação, sendo que, ao final da pesquisa, produza um texto que ofereça ao leitor interpretações, associações e teorizações construídas com base nos dados obtidos, em suas observações participantes, nas conversações entre outros.

O pesquisador, ao adentrar a escola, tem que ter em mente que a construção do objeto de trabalho se realizará, pouco a pouco, com "retoques sucessivos, por toda uma série de correções, de emendas, sugeridos por o que se chama o ofício, quer dizer, esse conjunto de princípios práticos que orientam as opções ao mesmo tempo minúsculas e decisivas", como recomenda Bourdieu (1989, p. 27). Nesse processo de construção, é preciso pôr *em causa* o conhecimento já produzido em relação a esse objeto, não para ser um guia a proteger e dar segurança ao pesquisador, mas para ajudá-lo a melhor formular suas questões e hipóteses durante a coleta e análise de seus resultados.

A escolha pela Etnografia deve surgir a partir da necessidade do pesquisador por uma maior afinação científica e como um esforço para não reduzi-la a apenas uma questão de técnica. A especificidade do objeto de estudo no espaço escolar pode solicitar uma abordagem não desvinculada da emoção e dos sentimentos, sob pena de enveredar-se para o exercício da pura abstração ou da busca pelo insólito.

Num conhecimento produzido em situações em que as relações de poder e de desigualdade definem os tipos de enunciados, ignorar a estrutura social na qual se enquadram os fatos observados poderia levar a conclusões errôneas ou favorecer visões deformadas da cultura escolar do grupo estudado. Assim, o pesquisador deve estar ciente da existência de diferentes maneiras de se conceber a realidade viva dos grupos e das influências das forças contextuais sobre eles, procurando evitar classificar como "desvio" ou "anormalidade" comportamentos e ideias apenas por não lhe serem familiares.

Destacar a complexidade da interação dos atores escolares nos remete à complicada questão da relação entre a teoria e a prática e as condições concretas em que ela se desenvolve. Por isso, no processo de coleta de dados na pesquisa etnográfica, há que se levar em conta os elementos discursivos, a intertextualidade, a ludicidade, a contextualidade e a intersubjetividade, presentes no processo de interação escolar. Não há como separarmos os fenômenos psíquicos dos fenômenos culturais.

Eles estão interligados e são interdependentes. A proposta que se coloca para uma etnografia na escola é, portanto, a de "escrever etnografias tendo como modelo o diálogo ou, melhor ainda, a polifonia[...]. A idéia é, e para isso todos os meios podem ser tentados: citações de depoimentos, autoria coletiva, dar voz ao povo ou o que mais se possa imaginar" (CALDEIRA,1988, p. 141).

Reconhecer na produção intelectual etnográfica as suas limitações, ambiguidades e contradições faz parte desse movimento que constitui a busca do conhecimento. A importância de uma pesquisa etnográfica na escola não pode, portanto, se restringir ao uso de suas técnicas de coleta de dados, mas, fundamentalmente, deve possibilitar a construção de novas categorias capazes de entranharem-se, na real dinâmica das interações escolares, sem cair em reducionismos ou sem buscar, empiricamente, a confirmação de determinadas convicções teóricas presentes em diversos trabalhos sobre a Educação. Justamente, a importância de qualquer pesquisa, assevera Bourdieu (1989, p. 20) "está sem dúvida em ser-se capaz de pôr em jogo coisas teóricas muito importantes a respeito de objetos ditos empíricos muito precisos, freqüentemente menores na aparência, e até mesmo um pouco irrisórios". O que importa verdadeiramente numa pesquisa é a construção do objeto que se pretende estudar, em tornar aquilo que é aparentemente "insignificante em objeto científico, e ao mesmo tempo [...] reconstruir cientificamente os grandes objetos socialmente importantes, apreendendo-os de um ângulo imprevisto" (p. 20).

Para concluir, não queremos desestimular os pesquisadores a procurarem a Etnografia em seus trabalhos científicos. Ao contrário, espera-se que as considerações apresentadas, neste texto, possam contribuir, de alguma forma, para que os pesquisadores fundamentem-se de uma forma crítica em relação ao uso da pesquisa etnográfica na escola. Como qualquer metodologia, a Etnografia tem os seus limites. Nem sempre, na Educação, a pesquisa etnográfica pode ser desenvolvida. Inequivocamente, outras formas de pesquisas qualitativas podem oferecer muito mais vantagens e importantes contribuições quando apresentam questões significativas e relevantes para a Educação. Contudo, se a interpretação cultural for, desde o início, o foco da pesquisa a ser realizada, vá em frente, faça um detalhamento cuidadoso das descrições e das narrativas culturais e, com um pouco de imaginação sociológica e percepção psicológica, construa um texto no qual esteja presente uma teoria interpretativa sobre a cultura escolar.

Referências

AGAR, M. We have met the other and we're all nonlinear: Ethnography as a nonlinear. *Complexity*, Wiley Periodicals, v. 10, n. 2, p. 16-24, 2004.

ALVES-MAZZOTTI, Alda Judith. Relevância e aplicabilidade da pesquisa em educação. *Cadernos de Pesquisa*, São Paulo, n. 113, p. 39-50, jul. 2001.

ANDRÉ, Marli Eliza D. A. *Etnografia da Prática Escolar*. 12. ed. São Paulo: Papirus, 2005.

BOURDIEU, Pierre. *O Poder Simbólico*. Rio de Janeiro. Rio de Janeiro: Bertrand Brasil, 1989.

BRUNER, Edward. Ethnography as Narrative. In: TURNER, Victor; BRUNER, Edward (Eds.). *The Anthropology of Experience*. Urbana/Chicago: University of Illinois Press, 1986, p. 139-155.

CALDEIRA, Teresa Pires do Rio. A presença do autor e a pós-modernidade em antropologia. *Novos Estudos CEBRAP*, São Paulo, v. 21, 1988, p. 133-157.

CARDOSO, Ruth C. L. Aventuras de antropólogos em campo ou como escapar das armadilhas do método. In: CARDOSO, Ruth C. L. (Org.). *A Aventura Antropológica: teoria e pesquisa*. 4. ed. São Paulo: Paz e Terra, 2004. p. 95-105.

CLIFFORD, James. *The predicament of culture*. Harvard: Harvard University Press, 1988.

CLIFFORD, James; MARCUS, George E. *Writing culture*. Los Angeles: California Press, 1986.

DAMATTA, Roberto. A obra literária como etnografia: notas sobre as relações entre literatura e antropologia. In: *Conta de Mentiroso – sete ensaios de antropologia brasileira*. Rio de Janeiro: Rocco, 1994. p. 35-58.

DAMATTA, Roberto. O ofício do etnólogo, ou como ter *anthropological blues*. In: *Aventura Sociológica*. Rio de Janeiro: Zahar, 1978.

DAYRELL, Juarez. A escola como espaço sócio-cultural. In: DAYRELL, Juarez (Org.). dynamic system. *Múltiplos olhares sobre educação e cultura*. 2. ed. Belo Horizonte: Editora UFMG, 2001.

DELAMONT, Sara; HAMILTON, David. A pesquisa em sala de aula: uma crítica e uma nova abordagem. In: PATTO, M. H. S. (Org.). *Introdução à Psicologia Escolar*. 3. ed. São Paulo: Casa do Psicólogo, 1991. p. 403-426.

ERICKSON, Frederick. Ethnographic decription. In: AMMON, U.; DITTMAR, N.; MATHIER, K. (Eds.). *An international handbook of the science of language and society*. v. 2. Berlin and New York: Walter de Gruyter, p. 1081-1095, 1988.

EZPELETA, J.; ROCKWELL, E. *Pesquisa participante*. São Paulo: Cortez/Autores Associados, 1986.

FERREIRA, Aurélio B. de H. *Novo dicionário da língua portuguesa*. Rio de Janeiro: Nova Fronteira, 1995.

FLICK, Uwe. *Uma Introdução à Pesquisa Qualitativa*. Porto Alegre: Bookman, 2004.

GEERTZ, Clifford. *A Interpretação das Culturas*. Rio de Janeiro: Guanabara/Koogan, 1989.

GROULX, Lionel-Henri. Contribuição da pesquisa qualitativa à pesquisa social. In: POUPART, Jean *et al. A Pesquisa Qualitativa: enfoques epistemológicos e metodológicos*. Petrópolis: Vozes, 2008. p. 95-126.

HAMMRLEY, M.; ATKINSON, P. Writing ethnography. In: HAMMRLEY, M.; ATKINSON, P. *Ethnography: principles in practice*. London: Routledge, 1983. p. 207-232.

MAANEN, John Van. *Representation in ethnography*. London: Sage, 1995.

MALINOWSKI, Bronislaw. *A vida sexual dos selvagens*. Rio de Janeiro: Francisco Alves, 1980.

MALINOWSKI, Bronislaw. *Os argonautas do Pacífico Ocidental*. São Paulo: Abril Cultural, 1976. (Col. Os Pensadores)

MARCUS, George E. and Dick CUSHMAN. Ethnographies as Texts. *Annual Review of Anthropology*, v. 11, p. 25-69, 1982.

MATTOS, Carmen Lúcia Guimarães de. *A abordagem etnográfica na investigação científica*. UERJ, 2001. Disponível em: <http://www.ines.gov.br/paginas/revista/A%20 bordag%20_etnogr_para%20Monica.htm>. Acesso em: 18 mai. 2009.

MEHAN, H. Understanding inequality in schools: the contribution of interpretative studies. *Sociology of Education*, v. 62, n. 1, p. 265-286, 1992.

PATTO, M. H. S. (Org.). A observação antropológica da interação professor-aluno: resumo de uma proposta. In: PATTO, M. H. S. *Introdução à Psicologia Escolar*. 3. ed. São Paulo: Casa do Psicólogo, 1991. p. 427-438.

PIRES, Álvaro P. Sobre algumas questões epistemológicas de uma metodologia geral para as ciências sociais. In: POUPART, Jean *et al. A Pesquisa Qualitativa: enfoques epistemológicos e metodológicos*. Petrópolis: Vozes, 2008. p. 43-94.

RODRIGUES, Neidson. Educação: da formação humana à construção do sujeito ético. *Educ. Soc.*, Campinas, v. 22, n. 76, out. 2001. Disponível em: <http://www. scielo.br/scielo.php?script=sci_arttext&pid=S0101-73302001000300013&lng=en &nrm=iso>. Acesso em:17 maio 2009. doi: 10.1590/S0101-73302001000300013.

SOUZA, Denise Trento Rebello de. Formação continuada de professores e fracasso escolar: problematizando o argumento da incompetência. *Educação e Pesquisa* (USP), v. 32, p. 477-492, 2006.

WOLCOTT, Harry F. Making a study more ethnographic. In: MAANEN, John Van. *Representation in ethnography*. London: Sage, 1995, p. 79-111.

ZALUAR, Alba. Teoria e prática do trabalho de campo: alguns problemas. In: CARDOSO, Ruth C. L. (Org.). *A Aventura Antropológica: teoria e pesquisa*. 4. ed. São Paulo: Paz e Terra, 2004. p. 107-123.

É possível ensinar sem reprovar?
Relato de uma investigação
etnográfica na sala de aula

Maria de Lourdes Sá Earp

Este capítulo pretende relatar a trajetória da pesquisa realizada para elaboração de minha tese de doutorado sobre o sistema de ensino brasileiro. Meu objetivo foi estudar a repetência, principal impedimento para a universalização da conclusão do ensino fundamental no país. A pesquisa etnográfica se desenvolveu em dois anos através de um estudo de caso em duas escolas públicas cariocas, uma municipal e outra estadual.

No Brasil, a reprovação é usada quando os professores acreditam que os alunos não aprenderam. O "mal" do não aprendizado deve ser punido com a reprovação. A cultura da repetência faz com que nosso sistema de ensino seja mais excludente.

Estatísticas educacionais demonstram a cobertura do acesso ao ensino fundamental no Brasil. Segundo a Pesquisa Nacional por Amostra de Domicílios (PNAD) de 2005, 97% das crianças de sete a 14 anos estão na escola. Entretanto, dos estudantes que ingressam no ensino fundamental, somente 70% concluem a 8ª série, portanto, a conclusão não está universalizada (KLEIN, 2007). Em média, são necessários 10 anos para um aluno concluir a 8ª série.

A repetência média no Brasil até 1995 estava acima de 30% e hoje está em torno de 20%. Segundo o Censo Educacional de 2006, a repetência brasileira no ensino fundamental é de 20,5% e no ensino médio de 27%.[1] As taxas de repetência, que tinham caído, voltaram a crescer. Segundo o especialista em avaliação educacional Ruben Klein, após a queda nas taxas de repetência e evasão na década de 1990, elas se estabilizaram no final da década, mas estão recomeçando a crescer, especialmente nas últimas séries (2007).

---

[1] Deve-se registrar que "repetência" está sendo entendida aqui como categoria científica, desenvolvida por pesquisadores como Phillip Fletcher, Sergio Costa Ribeiro, Ruben Klein, Claudio Moura Castro e outros que, nos anos 80, descobriram o fenômeno da "repetência" na educação brasileira.

Um dos objetivos da tese foi, então, abrir a discussão para uma direção ainda pouco explorada pelos estudos e pesquisas que, ao invés de culpabilizar o aluno pela reprovação, como faz parte da tradição educacional, pretendiam entender a repetência como parte de um sistema educacional contraditório que inclui excluindo.

A Sociologia da Educação vem se debruçando sobre a questão das desigualdades educacionais e, desde as décadas de 1960-70, várias teorias explicativas se tornaram consensos entre os pesquisadores. Devem ser destacados os resultados produzidos nos EUA pelo Relatório Coleman, publicado em 1966, e a teoria sobre a "reprodução", do sociólogo francês Pierre Bourdieu, publicada em 1970.

A principal conclusão do primeiro foi demonstrar o peso da origem social sobre o destino escolar dos alunos, ao constatar que as características do ambiente familiar e especialmente o nível de instrução dos pais melhor explicariam as diferenças de desempenho escolar.

> Desde os textos clássicos de James Coleman, que estabelecem com clareza a relação entre as duas variáveis (expectativas familiares e desempenho escolar de crianças na escola) – mostrando que quanto maior a expectativa que os pais têm em relação aos anos de estudo que os filhos podem completar melhor o desempenho desses filhos – as diversas pesquisas em sociologia da educação têm reiterado esses resultados (BARBOSA; RANDALL, 2004, p. 299).

Bourdieu foi responsável pela Teoria da Reprodução, que se tornou paradigma nos estudos sociológicos sobre Educação. Segundo essa teoria, a escola reproduziria as desigualdades sociais, perpetuando-as na medida em que a cultura consagrada e transmitida pela escola é socialmente reconhecida como válida e legítima. Na verdade, os alunos estariam preparados de forma desigual para o processo de ensino, como também para participar dos processos de avaliação escolar. Aqueles que dispõem de uma grande quantidade de capital cultural, adquirido primariamente na família, são mais bem sucedidos, enquanto os demais enfrentam barreiras em virtude da descontinuidade entre a escola e suas origens. A herança cultural se torna passado escolar. Tratando os educandos como iguais em direitos e deveres, o sistema escolar sanciona as desigualdades iniciais diante da cultura (BOURDIEU, 1998).

Existe uma autosseleção baseada em aspirações que está relacionada às oportunidades objetivas, de tal forma que parte dos estudantes não consegue atingir os níveis altos de escolaridade. As condições objetivas excluem as possibilidades de desejar o impossível: "isso não é para nós". Tal formulação, segundo o autor, expressaria ao mesmo tempo uma possibilidade e uma interdição. Para Bourdieu (1998), o mecanismo suplementar que converte as desigualdades culturais em desigualdades escolares seria a "ideologia do dom". Essa ideologia é chave do sistema escolar, pois:

> Contribui para encerrar os membros das classes desfavorecidas no destino que a sociedade lhes assinala, levando-os a perceberem como inaptidões naturais o que não é senão efeito de uma condição inferior, e persuadindo-os de que eles devem os seus destino social à sua natureza individual e à sua falta de dons (p. 59).

Paradoxalmente, para as crianças originárias de classes menos favorecidas, a escola é o único caminho para saírem da situação em que vivem. Na medida em que tais crianças não recebem de suas famílias nada que lhes possa servir em sua atividade escolar, "são forçadas a tudo esperar e a tudo receber da escola" (BOURDIEU, 1998).

O "Efeito Pigmalião" é outra importante contribuição para a explicação do insucesso na escola dos alunos de camadas socialmente mais desfavorecidas. Sabe-se, desde a pesquisa de Rosenthal e Jacobson (1968), que a predição pelo professor sobre o desempenho do aluno tende a influenciar não só a avaliação que faz a seu respeito, mas também, de forma ainda mais paradoxal, o próprio desempenho (FORQUIN, 1995). As expectativas positivas dos docentes são percebidas pelos alunos e não deixam de ter sua eficácia própria: uma expectativa positiva estimula, ao passo que a antecipação do fracasso pode ter como efeito provocá-lo (DURU-BELLAT, 2005).

O paradigma da reprodução e o fatalismo da teoria de Bourdieu levaram os sociólogo a negligenciarem o funcionamento concreto do sistema educacional. Foi preciso alguns anos para que os pesquisadores explorassem precisamente o peso dos mecanismos de tipo contextual na gênese das desigualdades sociais de trajetórias escolares. Conforme Bressoux (2003), essas pesquisas sobre o "efeito-escola" buscam explicações para a diferença de desempenho dos estudantes nos mecanismos intraescolares:

> Esse tipo de pesquisa se relaciona de maneira decididamente empírica ao estudo das variações das aquisições dos alunos em função da escola ou da sala de aula em que eles são escolarizados e à pesquisa dos fatores que são susceptíveis de explicar essas variações (p. 20).

De acordo com Barbosa (2005), desde o início da década de 1970, esse novo objeto de pesquisa da sociologia da educação – o estabelecimento escolar – passou a ser analisado sob duas perspectivas diferenciadas, mas complementares: os métodos etnográficos e a Sociologia das organizações. Mais recentemente, segundo a autora, novos métodos de análise estatística de dados, como os modelos multiníveis, passaram a ser usados na pesquisa sociológica para avaliar o efeito da escola.

Uma outra linha de pesquisa, os estudos "etnometodológicos", também fornecem pistas para que se conheçam os processos sociais que engendram a construção da desigualdade escolar (COULON *apud* FORQUIN, 1995). Tais pesquisas entendem que se deve procurar ver *como* a reprodução se fabrica no interior da chamada "caixa preta", isto é, na escola.

> Ao abrir a caixa preta da instituição escolar, a etnometodologia deixa à mostra uma verdadeira maquinaria intencional normalmente dissimulada ao olhar das pessoas, feita de relações verbais e não verbais subterrâneas. Essa maquinaria tem de ser descoberta por quem pretenda ver a desigualdade em vias de se constituir ou compreender como se faz concretamente, através das interações dos membros, a seleção escolar e social (FORQUIN, 1995, p. 324).

No Brasil, algumas pesquisas que se debruçaram sobre a questão: "a escola faz diferença?". Barbosa (2005) e Ferrão e Fernandes (2001) produziram resultados semelhantes, concluindo que a escola agrega valor. Algumas escolas parecem ser mais capazes de reduzir as diferenças sociais.

> Retomando a pergunta "escola brasileira faz diferença?", temos evidências para responder afirmativamente – sim, a escola brasileira faz diferença. Tanto ao nível da escola como ao da turma, há contribuição possível a dar para a melhoria progressiva dos resultados escolares (FERRÃO; FERNANDES, 2001, p. 170).

Se a escola reproduz e produz, a questão que merece ser investigada é *como* isso se dá. Como a escola reproduz as desigualdades sociais? Como descrever a repetência?

Para descrever a repetência, um dos principais interesses é a sala de aula, na medida em que, como definiu Forquin (1995), a análise da sala de aula pode ser tomada como "a encarnação e quintessência da análise do processo de escolarização" (p. 257). Como funciona uma sala de aula? Como se desenvolve o ritual da sala de aula? Como a repetência se produz na sala de aula?

A pesquisa

As escolas nas quais realizei a pesquisa etnográfica eram bem consideradas pela comunidade escolar e sociedade em geral. Isso logo se revelou quando percebi que muitos alunos vinham de longe em busca da "boa escola"[2].

Como Malinowski (1978) ensinou, entrei nas escolas como se fossem as ilhas Trobriand e convivi com os "nativos", vivendo na "aldeia", participando de seus rituais, costumes e cerimônias, fazendo com que "a carne e o sangue da vida nativa" preenchesse o esqueleto das minhas construções teóricas. Procurei primeiramente uma escola em que eu pudesse observar os nativos em sua "plena realidade", para fazer a pesquisa de campo segundo o método etnográfico.

Nesse sentido, negociei a liberdade de frequentar o mundo da primeira escola com o compromisso de mantê-la no anonimato. A segunda escola, um caso usado para efeito de comparação, foi escolhida por fazer parte de uma pesquisa coordenada pela minha orientadora que visava acompanhar o efeito das políticas de combate à repetência, no caso o Programa Sucesso Escolar, da Secretaria de Educação do Estado do Rio de Janeiro. Devo registrar que compartilhar observações com os colegas, que pesquisavam em outras escolas, foi fundamental para a construção das hipóteses e explicações geradas na tese.

Como estratégia de investigação, realizei dois anos de observação no ambiente escolar interagindo com gestores, professores, alunos, pais e funcionários. Observei diversas aulas das duas escolas, de várias disciplinas e séries, de professores de sexo e idade variados, com tempos diferentes de escola e de magistério, disposta a desvendar engrenagens "vistas, mas não notadas" (FORQUIN, 1995), das trocas sociais estabelecidas em uma sala de aula.

Aqueles professores cujas aulas observei mais intensamente foram entrevistados de forma aprofundada, a partir de um roteiro semiestruturado, tanto nas escolas e quanto nas residências. Nessas entrevistas, os professores contaram as histórias de suas vidas, bem como suas representações sobre a educação, a escola, o ensino e os alunos. Também entrevistei alunos, em locais de trabalho, residência e escola.

---

[2] Cabe mencionar que isso não quer dizer bons índices, pois, na época da pesquisa de campo, a Escola 1 apresentava 20% de repetência, e a Escola 2 tinha em média uma taxa de 36%.

Na primeira etapa da pesquisa de campo, observei salas de aula de ambas as escolas, a primeira de ensino fundamental (municipal) e a segunda de ensino médio (estadual). Também observei aulas de reforço escolar do Programa Sucesso Escolar, política de combate à repetência em escolas da rede estadual desenhada para melhorar o desempenho dos estudantes. Além das salas de aula, foram observados conselhos de classe da escola de ensino fundamental. Após construir uma hipótese sobre a estrutura da sala de aula, na segunda etapa passei a observar uma determinada turma da escola de ensino médio para aprofundar o que definiria socialmente os alunos segundo aquela estrutura. Também observei conselhos de classe da turma estudada como um caso.

As salas de aula e a cultura da repetência

Depois de muitas horas de observação, notei que havia algo em comum em todas as aulas. A despeito de algumas variações, percebi a existência de um princípio que organiza e hierarquiza os alunos nas salas de aula, que denominei de "centro-periferia". Essa estrutura determina quem vai ser mais ou menos ensinado na sala de aula. A observação e descrição dessas diversas e variadas "salas de aula" mostrou como a "cultura" da repetência se realiza na estrutura da aula.

Como descrever esse princípio? No "centro" estariam os alunos a quem o professor dirige o ensino na sala de aula; na "periferia" estariam os outros alunos da classe. Esses dois grupos de alunos podem ser definidos segundo critérios observáveis que determinam as formas de relação do professor com os alunos na sala de aula. Os professores separam os alunos em "centro" e "periferia" e ensinam àqueles que veem como "centro". Assim sendo, os docentes têm padrões de interação diversos com os alunos na mesma sala de aula. Tudo se passa como se alguns alunos da sala de aula fossem escolhidos para receber a instrução do professor. A estrutura "centro-periferia" pode ser compreendida como uma espécie de *topologia* social da sala de aula. A pesquisa mostrou que a sala de aula não é para todos.

Devo registrar que não se trata de uma questão de didática, tampouco de dominar mais ou menos o conhecimento ensinado. A estrutura "centro-periferia" se justifica nas representações docentes. Todos os professores entrevistados acreditam que ensinam seus alunos e que suas aulas são boas. A aula não é dada para todos porque a escola parece não ter essa função nas representações da maioria dos professores. Os docentes entrevistados justificam ter mais ou menos interação com alguns estudantes.

> São os mesmos que participam!;
> Alguns alunos não se interessam...;
> Nessa turma não tem nenhum que se salve!;
> Alguns alunos não têm vontade de aprender!;
> Esses alunos não têm jeito!;
> Alguns alunos não querem nada!.

A pesquisa etnográfica mostrou que a aula "boa" é para os alunos que estão no "centro". Quando comecei a observação de campo, parecia que os professores colocavam os melhores alunos no "centro". A pesquisa mostrou que os "bons alunos" são produzidos na própria estrutura da sala de aula. Os alunos do "centro" variam conforme o professor. A observação nas salas de aula das duas escolas me levou a descrever como se estrutura hoje no Brasil o "efeito Pigmalião" descrito pela literatura. A seleção que constrói os estudantes bons é produzida na escola e na sala de aula.

> Quando você faz o exame com critério, você filtra: a reprovação é o filtro.1 (palavras de um professor da Escola 2)

A pesquisa revelou outro aspecto da cultura da repetência presente nas representações dos professores, que denominei de "o mito da aprovação automática". Na representação docente, a "aprovação automática" é a atual grande vilã da educação fundamental do Rio de Janeiro. Os discursos relacionaram a não aprovação como a principal justificativa para o baixo desempenho dos alunos. Deve-se registrar que alunos de países que não reprovam em seus sistemas de ensino, por exemplo, a Finlândia, a Irlanda e o Japão, demonstraram desempenho excelente em testes internacionais como o Program of International Student Assessmente (PISA),[3] nos quais o Brasil tem ficado em últimos lugares.

---

[3] O PISA é uma avaliação internacional, coordenada pela Organização para a Cooperação e o Desenvolvimento Econômico (OCDE), aplicada em vários países a cada três anos cujo objetivo é avaliar o desempenho educacional em perspectiva comparada, de jovens de 15 anos, que estejam no máximo na 7ª. série. O PISA foi realizado pela primeira vez em 2000, com foco em leitura; o Brasil têm ficado nos últimos lugares.

A pesquisa mostrou dois tipos de alunos no "centro" da sala de aula. O primeiro, conforme a teoria da reprodução, refere-se a alunos cujas condições extraescolares privilegiadas contribuíram para seu lugar na sala de aula. O segundo, conforme esse estudo demonstrou, refere-se a alunos com condições socioeconômicas mais simples, que também estão no "centro". Para além da reprodução, a sala de aula tem uma estrutura autônoma, produzida pela lógica "centro-periferia". Passo a contar como realizei a pesquisa etnográfica.

A escolha das escolas

Na medida em que o objetivo dessa pesquisa era descrever o fenômeno da "repetência", meu interesse principal estava no funcionamento dos mecanismos e rituais escolares. Nesse sentido, a sala de aula era um espaço fundamental a ser observado. Como definiu Forquin (1995), a análise da sala de aula é a "encarnação e quintessência da análise do processo de escolarização" (p. 257).

O que acontece em uma sala de aula para que uns alunos aprendam e outros não? Como se desenvolve a relação entre alunos e professores na sala de aula?

Além das salas de aula, um outro importante espaço na escola para estudar a repetência é o chamado Conselho de Classe. O ritual da sala de aula é legitimado pelo julgamento dos professores que se desenrola nos "Conselhos de Classe". Observar os conselhos era fundamental para o objetivo da pesquisa, na medida em que é nesse espaço que se avalia o desempenho dos alunos e se decide o destino dos estudantes.[4]

Na verdade, eu pretendia fazer observação participante em espaços dificilmente frequentados por "não nativos" da escola. Naquela época, já sabia que entrar em uma escola pública para fazer pesquisa não é uma tarefa fácil, conforme atestam vários pesquisadores (TURA, 2000). Minha própria experiência nessa questão está narrada na minha dissertação de mestrado, quando realizei um estudo em um CIEP, outro tipo de escola pública (SÁ EARP, 1996), em que conto como tais dificuldades acabaram mudando os rumos daquela investigação. Nesse sentido, desta vez procurei em minhas relações pessoais alguém "de dentro" que facilitasse minha

---

[4] Cabe registrar que os Conselhos de Classe não serão objeto deste texto.

entrada em uma escola. Cheguei a uma amiga da minha família – que vou chamar de Ana –, professora de português da rede pública municipal há mais de trinta anos. Acreditei que ser introduzida em uma escola por uma professora facilitasse o acesso e minha permanência no local. Eu estava certa.

De outubro de 2003 a dezembro de 2004, frequentei com muita liberdade vários espaços escolares da escola de ensino fundamental como salas de aula, conselhos de classe, reunião de pais de alunos, sala de professores e diretores, recreio, quadra de esporte e refeitório, e pude conhecer o funcionamento de uma escola "por dentro".

Minha entrada nessa escola foi acertada entre a diretora e a professora Ana. Cabe informar que, no mundo escolar, é a diretora que autoriza o acesso dos "de fora" na escola. Para tornar oficial minha presença naquele espaço seria necessária uma negociação envolvendo a Coordenaria Regional de Educação (CRE), que culminaria com uma oficialização publicada no Diário Oficial. Segundo Ana me informou, "conversei com a diretora sobre sua pesquisa na escola. Se o nome da escola aparecer, precisa ficar oficial. Tem que abrir um processo...". Diante desse trâmite legal, acabamos acertando que o "nome" da escola não apareceria no estudo, portanto não seria necessário envolver a CRE e eu assumi com a diretora o compromisso de manter a escola no anonimato.

Quando Ana me apresentava a seus pares como sua amiga doutoranda em Antropologia "que está aqui na escola para fazer uma pesquisa", eu era recebida por reações simpáticas das professoras com comentários como "Ah, antropologia? Que legal!". Devo registrar que essa amigável recepção me remetia por oposição à época da minha pesquisa para o mestrado em educação. Naquele caso, por determinações institucionais da direção da escola, meu campo ficou limitado ao universo da "residência" do CIEP e à "mãe social", responsável pelos "alunos residentes", posição hierarquicamente inferior à de professora no mundo escolar[5]. Comparando ambas as atitudes, creio que ser introduzida por uma professora pôde abrir portas que encontrei fechadas quando pesquisei o CIEP. O modo como se entra no campo condiciona os caminhos da pesquisa.

Comecei minhas observações nas classes da professora Ana, conforme acertado com a diretora. Segundo negociamos, eu só poderia assistir

---

[5] Ver SÁ EARP (1996).

às aulas com a permissão do professor. Para minha surpresa e minha alegria, vários professores me abriram suas salas de aula, possibilitando a observação de várias aulas. Como num jogo de dominó, as peças iam se encaixando por meio de um lado comum: um professor X de uma turma A me levava a outro professor Y dessa turma A, o qual me levava a uma outra turma B, o que me levava a conhecer um outro professor Z da turma B. Isso me possibilitou construir um trajeto completo: observar aulas em todas as séries da escola de ensino fundamental, do Jardim à 8ª série, em diferentes turmas, de várias disciplinas, de muitos professores, nos dois turnos em que a escola funcionava, manhã e tarde. Observei uma grande diversidade de "salas de aula" tanto em termos de disciplinas e séries como também de professores, com sexo, idade, tempo de casa, tempo de magistério e de formação distintos. Alguns mais severos e outros brincalhões, com estilos diferentes de ensinar, mas todos tendo em comum o compromisso com o ofício de professor.

A segunda escola pesquisada é de ensino médio. A escolha dessa escola se deu em função da minha participação na pesquisa coordenada por minha orientadora em vinte escolas da Rede Estadual de Educação para acompanhar o "Programa Sucesso Escolar", que estava começando em julho de 2004. O programa estava desenhado para as escolas com piores desempenhos nos quesitos repetência e proficiência dos estudantes. As escolas seriam acompanhadas por equipes de especialistas e o reforço escolar dos alunos seria através de aulas extras ministradas por estudantes universitários ou estudantes mais adiantados da própria escola e coordenados por professores da própria escola.

Como o "Sucesso Escolar" era um programa de combate a repetência, tema central da minha tese, eu acompanharia as aulas de reforço na escola de ensino médio, como os demais alunos do grupo de pesquisa, e ao mesmo tempo realizaria minha pesquisa do doutorado. Dessa forma, o "Programa Sucesso Escolar" serviu como uma porta de entrada àquela que se tornaria a segunda escola do estudo.

Cabe comentar que, diferentemente da escola de ensino fundamental, em que eu tivera acesso a todos os espaços escolares, na escola de ensino médio minha entrada e permanência não foram assim tão facilitadas. Ainda que minha presença na escola estivesse autorizada pela Secretaria, durante toda a pesquisa de campo fui interpelada por uma das diretoras:

Para que é essa pesquisa mesmo?"; "Quero só ver os resultados, pois pesquisas vocês fazem toda hora"; "O que você quer saber, pode perguntar que eu digo"; "Não precisa pesquisar para saber os problemas do ensino, eu te digo os problemas do ensino no Brasil..."; "Os professores não estão gostando de você assistir as aulas deles, alguns estão reclamando"; "Vou falar com a diretora para ver se você pode assistir ao Conselho de Classe"; "Você não acabou a sua pesquisa ainda? Vai acabar quando? (diretora adjunta da Escola 2).

Precisei renegociar minha presença naquele espaço durante todo o tempo da minha permanência na escola. De outro lado, nenhum professor colocou impedimentos de qualquer ordem para evitar que eu observasse suas aulas. É interessante notar que a maioria dos professores parecia ignorar minha presença na sala de aula, embora alguns me dirigissem a palavra algumas vezes durante as aulas. Em todas aulas que observei, somente uma professora costumava pedir minha opinião em voz alta para questões pedagógicas diante da turma, como também dizia frequentemente: *"anote isso no seu caderno"*.

A pesquisa de campo na escola de ensino médio foi realizada entre julho de 2004 e dezembro de 2005, em duas fases. Na primeira, foram observadas aulas de reforço escolar do "Programa Sucesso" e algumas salas de aula regulares; na segunda fase passei a observar aulas de uma determinada turma no sentido de aprofundar algumas questões sobre as hipóteses construídas ao longo da pesquisa de campo e conhecer melhor os alunos do "centro" e da "periferia".

Cabe registrar que a escolha da turma a ser observada foi aleatória. Um professor de matemática, cujas aulas de reforço escolar eu tinha observado, me permitiu acompanhar suas aulas regulares em uma turma de 2º ano no turno da noite. Nessa classe, além das aulas daquele professor, professores de outras disciplinas permitiram que eu fizesse observação em suas aulas. Também observei conselhos de classe da turma observada como um caso.

Seguindo a sequência da pesquisa de campo, para ilustrar o significado de uma descrição etnográfica, vou descrever o espaço físico e social de ambas as escolas, primeiramente a escola de ensino fundamental e, depois, a escola de ensino médio.

A escola 1 – ensino fundamental

A escola municipal está localizada na zona sul do Rio de Janeiro, em local social e economicamente privilegiado. Segundo a diretora, "aqui é o metro quadrado mais caro do mundo". Cabe informar que a responsabilidade de promover o ensino fundamental do município do Rio de Janeiro é da prefeitura, a partir da LDB de 1996. Esta escola foi considerada por vários agentes como a "melhor escola pública de ensino fundamental da Zona Sul". A representação "boa escola" foi expressa em várias ocasiões da pesquisa:

> No início, dona Neusa disse que não tinha vaga, mas ela enxergou nos olhos de um menino de 9 anos um médico formado e bem sucedido. (Frase de um aluno em um cartaz na ocasião do aniversário da Escola 1)
>
> É a melhor escola pública de ensino fundamental da zona sul. (Pai de aluno da Escola 1)
>
> Esta escola é melhor do que muita particular que já trabalhei. Esta escola funciona. (Professora da Escola 1)

Quem são os alunos dessa "boa escola"? Segundo a diretora, 75% dos cerca de 800 alunos matriculados na escola moram em favelas próximas, como Rocinha, Vidigal, Dona Marta, Cantagalo, Pavão e Pavãozinho[6]. A maior parte dos professores vê o público da escola como composto basicamente por "filhos de porteiros" da vizinhança. Segundo alguns docentes, "essa escola não atende à comunidade"; "a outra que trabalho é que atende a crianças do Pavão e Pavãozinho"; "a diretora filtra na matrícula os do morro". "Aqui só tem filhos de porteiros". Essa diferenciação me levou a algumas indagações. Será que "filhos de porteiro" representaria para os professores uma categoria de alunos diferente da de "favelado"? Existiria uma hierarquização social nessas duas categorias?

Minha suspeita se confirmou quando uma professora da Escola 2, que também lecionava na Escola 1, descreveu como percebia a diferença entre esses dois "tipos" de alunos:

> O porteiro é um cara que já tem emprego fixo, mora na zona sul, ele está convivendo com a classe média alta da zona sul, então ele já conhece um lado e outro, ele já tem aquela visão do que pode ser bom, então ele já trabalha seu filho na condição de seu filho chegar lá, algum dia ser alguém, do seu filho estudar mais do que ele e tal. Eu colocaria os filhos de porteiro num lugar melhor dos filhos do cara do morro entre aspas. A violência... o filho do porteiro, ele está preso num prédio, ele pode até conviver com os coleguinhas lá do morro, mas ele está acostumado a ver valores de classe

---

[6] Essas são algumas principais favelas da zona sul da cidade do Rio de Janeiro.

média. O menino que é largado no morro não tem valores de classe média, pra ele o bandido é um herói, muitas vezes. (Professora da Escola 1)[7]

Durante a observação do campo, ouvi muitas vezes frases ditas pelas crianças como "meu pai trabalha na portaria" ou "meu pai cuida do prédio" ou "meu pai é porteiro e minha mãe também". Outros tantos alunos entrevistados disseram morar em morros próximos à escola: "moro no Pavão-Pavãozinho", "moro no Galo", "moro no Cabuçu", "moro na Rocinha", "moro no Vidigal", eram respostas frequentemente ouvidas quando perguntei às crianças onde moravam. Devo notar que um ou outro aluno pareceu constrangido ao declarar sua situação de moradia. "Ele não quer falar que mora no morro, tia, ele mora no Pavão/Pavão-zinho", informou-me uma aluna de seis anos sobre seu colega de classe. "Eles não gostam de ser chamados de favelados", disse-me a diretora.

Além de localizações próximas da escola, algumas crianças declaravam morar em Niterói, André Cavalcanti, Lins de Vasconcelos, Santo Cristo. Alguns alunos vêm de longe em busca da "boa" escola.

> Olha, aqui tem gente que mora em Jacarepaguá, tem gente que mora no centro da cidade, em Rio das Pedras... e a gente fala: meu Deus, porque quer estudar aqui?... Teve gente de Bonsucesso... eles dizem: eu quero lá porque é boa. (Coordenadora pedagógica da Escola 1)

Deve-se notar que tal fato mostra que nem sempre os alunos de escolas públicas moram perto de onde estudam. Outra classificação nativa dos estudantes era crianças "de classe média", segundo a supervisora pedagógica.

> A gente tem 80% de comunidade da favela, que mora na favela. Nos morros do Rio de Janeiro. Aqui é: Cantagalo, Pavão-Pavãozinho, Vidigal, Rocinha. São esses. E tem, muitos filhos de porteiro daqui do entorno. Que moram, mas isso é muito positivo, porque são pessoas organizadas, que tem um pai, uma mãe. Têm uma organização em casa. Uma vida organizada no sentido assim: tem uma casa. Têm vínculos com a família. Têm familiares, tem avô, tem avó. Muita gente oriunda também do nordeste. Todos os porteiros são do nordeste, todos, sem exceção; que tem famílias lá, que se correspondem, que vão lá todo final de ano. Então, isso é muito positivo.

---

[7] Apenas para relativizar, cumpre registrar que, quando apliquei o questionário da pesquisa do "Sucesso Escolar" junto a uma aluna da Escola 2, ouvi a seguinte frase: "Só porque sou branca e moro na Gávea acham que sou rica. Mas eu sou pobre como todo mundo aqui: sou filha de porteiro!" .

> Digamos assim, a gente tem 80% da comunidade, e tem um quantitativo que talvez fique em torno de 20% dos alunos que são filhos de porteiros de Copacabana, e tem um pequeno quantitativo, pequeno número que nem chega a ser 10% da escola, talvez menos, de alunos que são dessa classe média empobrecida. (Coordenadora pedagógica da Escola 1)

Na escola de ensino fundamental trabalham 24 professores, 6 homens e 18 mulheres. A escola tem 24 turmas que se distribuem igualmente em dois turnos, manhã e tarde.[8] A média de alunos por turma é 38. De acordo com a direção, a escola está atualmente trabalhando com capacidade máxima e não tem "evasão escolar". Os alunos faltam pouco às aulas, conforme a coordenadora pedagógica da escola, explicando como a escola costuma agir nesses casos.

> Não tem falta, assim quando tem feriado, não sei o quê, os alunos não faltam. E a gente faz um trabalho assim de cobrar muito, assim: faltou um dia, já liga pra casa: cadê o fulano, o que quê houve? Então, a gente não tem aluno faltoso. Os poucos casos, digamos assim, é, nós tínhamos cinco casos, desses cinco casos, só dois casos foram mandados paro Conselho Tutelar. Porque a gente faz um trabalho de entrar em contato com a família, descobrir o que aconteceu com a criança. (Coordenadora pedagógica da Escola 1)

A entrada na escola é feita por um portão que dá acesso para uma espécie de corredor com cerca de três metros, pelo qual se entra em um grande pátio. Minha primeira impressão ao entrar na escola foi de que havia uma extrema limpeza: o chão do pátio não tinha um papelzinho sequer! Quando mencionei à diretora esse fato ouvi a explicação de que muitas vezes ela varre pessoalmente o chão do pátio. "Aqui a gente tem que fazer um pouco de tudo".

O pátio, coberto, fica no térreo do prédio de três andares que caracteriza a escola; em torno do pátio se distribuem outros espaços escolares: do lado esquerdo ficam as salas da diretora, das duas diretoras adjuntas, da coordenadora pedagógica e dos trinta e nove professores, quatro homens e trinta e cinco mulheres. Do lado direito, ficam a cantina, a cozinha e o refeitório. Em frente à entrada do pátio, do lado oposto, vemos duas escadas, uma para cada lado, que dão acesso aos dois andares onde se localizam as salas de aula, a biblioteca, a sala da inspetora e outras salas como também os banheiros dos alunos.

---

[8] No turno da noite funciona no local uma escola estadual.

A escola, fundada em 1966, era originalmente destinada ao ensino do "antigo primário". Em 1979 foi ampliada em um anexo onde ficam duas salas de aula e um banheiro, para abrigar um "Jardim de Infância". A sala de leitura e a sala de vídeo ficam em locais onde eram banheiros que foram reformados para acolher essas novas salas. "Na sala de leitura só cabem dez crianças; nosso espaço físico é muito precário", considera a diretora. "A gente vai invadindo alguns espaços como esse aí do lado onde fizemos uma mini quadra de esportes", explicou a diretora. "Agora estamos reivindicando aquele espaço lá atrás com os lixeiros". A diretora considera "difíceis" as condições de trabalho na escola: "É por isso que essa escola não tem estrutura física para atender até a 8ª série".

A fim de saber quais espaços escolares os alunos poderiam usar, fiquei um dia junto com eles no recreio, quando me deparei com uma quadra de esportes. O acesso à quadra é por dentro daquele "cantinho". Naquele momento, uma classe da 4ª série ali brincava, afastada dos demais. A professora da turma me informou a razão da separação entre os alunos: "Estão aqui para não ficar com os grandes, no pátio". Interessante é que somente após ter visto alunos jogando bola na "quadra", percebi que do lado de fora também é possível ver a pequena "quadra de esportes" da escola. Embora eu tenha passado por aquela rua centenas de vezes, nunca percebi aquele espaço como parte da escola. O uso social dos espaços é que os caracteriza como tal ou qual.

A escola atende do jardim de infância até a 8ª série, oferecendo o "ensino fundamental", que vai do CA à 8ª série. Cada turno – manhã e tarde – tem 12 turmas. A diretora me explicou que procura colocar os alunos "grandes", como se referiu aos alunos das 5ª, 6ª, 7ª e 8ª séries, nas turmas de manhã, porque "o aluno grande não gosta de estudar à tarde". Segundo ela, "a lei manda que nós tenhamos pelo menos uma turma de cada série nos dois turnos; é uma exigência da *5692*". Quando aludimos a lei sobre a questão do aluno trabalhador, ela comentou que acha difícil um aluno trabalhar de manhã e estar disponível às 12h para estudar à tarde. "Não tem mercado de trabalho pra isso". Quando perguntei se havia de fato nesta escola alunos que trabalhavam, a diretora disse que alguns alunos frequentavam o programa "Criança Esperança", projeto do Cantagalo que atendia a "menores carentes, alguns alunos que trabalham em supermercados, também em programas sociais e outros que trabalham em vídeo locadoras". A diretora declarou optar por colocar os alunos novos no turno da manhã porque "de manhã eu tenho uma inspetora". A única turma de Educação Infantil (EI) e a turma de "ano inicial do ciclo", antigo CA, funcionam à tarde.

O ensino na escola observada está organizado em Educação Infantil ("jardim"), 1° ciclo e 3ª, 4ª, 5ª 6ª, 7ª e 8ª séries. No ano de 2004, quando a pesquisa de campo foi realizada, a escola funcionou com uma turma de "Jardim", uma classe de CA (ou processo inicial do ciclo), duas de 1ª série (ou processo intermediário do ciclo), duas de 2ª (ou processo final do ciclo), três de 3ª série, três de 4ª série, quatro de 5ª série, três de 6ª, três de 7ª e duas de 8ª série. Cabe observar que as duas turmas da primeira série produzem quatro turmas de quinta série e duas de oitava[9]. Esse fato é explicado pelo fenômeno de repetência, que incha o fluxo de aluno no meio do processo, criando a chamada "distorção série-idade". Na verdade, esta distribuição de turmas na estrutura da escola faz parte da cultura da repetência, da qual falou Ribeiro (1990). As turmas de cada série são classificadas por "1", "2" ou "3". As turmas "1" são aquelas de "bom desempenho", e as "3" são as turmas mais difíceis, com alunos "fora da idade", segundo a diretora.

Como em toda escola municipal do Rio de Janeiro, o "ciclo" abrangia no momento da pesquisa a antiga CA, a 1ª série e a 2ª série. "Aqui na escola só está implantado o primeiro ciclo, que funciona desde 1996". Da terceira série em diante o ensino é seriado. A diretora explicou como via o sistema de ciclos.

> Todo mundo fica tentando diminuir a dificuldade de aprendizagem das crianças, então o ciclo foi criado pra tentar resolver o individual. Porque na seriação, quando o aluno repete, ele vai retornar ao início. No ciclo, ele tem a continuidade. O objetivo maior do ciclo é a continuidade. Seriam dois ciclos... Mas no Rio de Janeiro a gente só tem o primeiro ciclo. Seria um período inicial, que corresponde ao antigo CA; o intermediário, que é corresponderia à primeira série e o período final, que é a segunda série; depois é o sistema antigo, a 3ª a 4ª até a 8ª. A idade cronológica corresponderia a uma idade mental. Por exemplo, a criança que chega na escola com 9 anos, ela faz um período do ciclo e depois passa imediatamente para a terceira série. Por exemplo, se uma criança de nove

---

[9] Em que pese a admissão de novos alunos na 5ª série, não entram alunos na 7ª série na escola. Aqui quero destacar a institucionalidade da repetência na estrutura escolar.

> anos que chega no Rio de Janeiro analfabeta, a gente conta a idade até 28 de fevereiro, ela vai entrar em uma turma chamada 'turma de progressão'. É uma turma que vai dar uma avançada na criança. No ciclo, a gente tem crianças de 6, 7, 8, anos. (Diretora da escola 1)

Na escola pesquisada, não existe "turma de progressão", classe para a qual são encaminhados os alunos reprovados no final do ciclo. Os alunos enquadrados nessa situação vão para uma outra escola, em que há turmas de progressão.

> Nós aqui na escola nós temos a seguinte política: não vamos mandar para a classe de progressão, por que? No início, quando ela foi criada, a gente ficou: aqueles que não tinham se alfabetizado, que eram uns três ou quatro, vamos mandar... Porque é o direito deles. Ele tem que sair da escola, porque a classe de progressão não funciona aqui. Ela funciona em alguns pólos de escolas que têm classe de progressão. Então a gente ficou assim: o que a gente faz, manda ou não manda? Como o discurso da prefeitura era: "São classes que vão dar conta dessa realidade". Só que, a questão é que mandamos, e eu procuro acompanhar a história desses alunos, nenhum saiu, estão lá até hoje. Você acredita? Estão lá, sem terem se alfabetizado ainda! (Coordenadora pedagógica da escola 1)[10]

O ano escolar inicia-se geralmente em fevereiro, já que pela LDB, as escolas devem oferecer 200 dias letivos de aulas, embora na escola "a gente recebe criança durante todo o ano". Perguntando em que circunstâncias isso acontece, a diretora me explicou que "um aluno que mudou de endereço, por exemplo".

O turno da manhã funciona de 7h às 12h, e se inicia com os alunos chegando e se organizando no pátio em pequenos grupos para subir para as salas. Fui informada por uma aluna que eles se agrupam por classes para subir em ordem de séries: "primeiro a 5ª, depois a 6ª, a 7ª e a 8ª". Observei que a caderneta é importante peça nesse ritual diário, seguido muito a sério pela "inspetora", que controla as cadernetas. Observando a chegada em uma manhã, percebi no pátio um aluno que não subira para a sala de aula como todos os outros: estava sem a caderneta. Fui informada que o aluno sem caderneta só pode subir para as salas de aula mediante um bilhete de próprio punho no qual declara o esquecimento.

---

[10] Mandar ou não para a progressão apareceu como um grande conflito no conselho de classe das séries iniciais da Escola 1.

A escola 2 – ensino médio

A escola de ensino médio está localizada na fronteira de dois bairros da zona sul, ambos com altos IDH. A pesquisa de campo nessa escola foi iniciada em julho de 2004 e finalizada em dezembro de 2005.

Como se deu minha entrada nessa escola de ensino médio? Na primeira vez, enquanto eu procurava o portão de entrada daquele enorme colégio, rodeando a quase metade do quarteirão que a escola ocupa, veio à minha mente a imagem que aquela escola representou para várias gerações: "um bom colégio público de 'elite'" Lembrei de vários amigos, hoje profissionais bem sucedidos em diversas áreas, que ali estudaram. Naquele momento começara a se esboçar na minha cabeça uma pergunta que me acompanhou durante toda a pesquisa de campo: como estaria representada atualmente esta escola, pelos alunos, pelos professores, pelos diretores, pela comunidade, pela Secretaria de Educação? Seria ainda considerada como uma "boa escola"?

> Essa é a melhor escola de ensino médio da zona sul".
> Aqui só vem professor bem colocado no concurso.
> Os professores disputam para vir para essa escola,
> É uma escola bem conceituada, tem um nome a zelar, tem excelentes instalações;
> É uma boa escola pela localização;
> Aqui está a nata dos professores do Estado. (Professores e direção da escola 2)

Entretanto, esta escola fazia parte do "Programa Sucesso Escolar" exatamente por apresentar altos índices de reprovação e abandono, segundo atestavam as estatísticas escolares que orientaram a escolha das escolas fluminenses que deveriam adotar as aulas de monitoria e de reforço escolar dirigida a seus alunos pelo programa "Sucesso". Como estariam relacionadas uma boa escola e reprovação e repetência?[11]

Na primeira vez em que estive na escola, notei que, apesar das luzes acesas nas salas dos três andares da escola, o período de férias escolares explicava o silêncio que vinha de dentro do colégio. Depois que me apresentei como pesquisadora e disse que gostaria de conversar com a diretora sobre o "Programa Sucesso Escolar", fui autorizada a entrar na escola. Enquanto a diretora adjunta era avisada da minha presença, um daqueles funcionários

---

[11] Cabe registrar que na época da pesquisa a taxa média de reprovação no 1º ano era de 50%.

que há em muitas escolas, misto de inspetor e porteiro, me indicou vários cartazes do Programa Sucesso Escolar, pregados nas paredes e murais da escola. A impressão foi de que a escola estava no *clima* do Programa.

O colégio funciona em três turnos: manhã, tarde e noite e tem cerca de 2.500 alunos em 57 turmas que estudam nos turnos da manhã, tarde e noite e tem 100 professores. A direção da escola é exercida por uma diretora e duas diretoras adjuntas. A escola é localizada em um prédio três andares, construído para esse fim no ano de 1945. Na parte externa ficam uma grande quadra de esportes e a arquibancada pela qual se tem acesso ao prédio propriamente dito; uma rede de vôlei, colocada permanentemente na quadra de esporte, permite aos alunos sempre que possível utilizá-la para o jogo; há um pátio interno com bancos espalhados, onde os estudantes ficam no recreio ou quando estão em um "tempo vago", conforme me informaram alguns alunos e funcionários, fato bastante comum na escola. Há ainda uma cantina. No primeiro andar da escola ficam a cozinha, as salas da direção, a sala da coordenação, a biblioteca, o grêmio estudantil e algumas salas fechadas e/ou trancadas por chaves. O auditório, as salas da coordenação pedagógica, a sala dos professores e os banheiros, dos alunos e dos professores, esses sempre trancados, e 12 salas de aula ficam no segundo andar; no terceiro andar há nove salas de aula. Há uma sala de dança e uma sala de informática. Também há um laboratório de física, química e biologia ("compramos um microscópio de R$ 5.000,00", disse-me o assessor da direção).

Uma professora entrevistada disse que considera o laboratório excelente; já outra professora de química lamenta não poder usá-lo com os alunos, já que as disciplinas de ciências – química, física e biologia - têm somente dois tempos por semana cada uma: "Com essa duração da aula não dá para ir ao laboratório, esse ano fui só uma vez com meus alunos".

Conforme me explicou o assessor da direção, cada turno tem 19 turmas: "é a capacidade da escola", e as turmas de primeiro ano funcionam na maioria à tarde. No turno da manhã, que vai de 6h45 às 12h, existem somente duas turmas do 1º ano, nove do 2º ano e oito do 3º ano. No turno da tarde – de 13h às 17h – funcionam 17 turmas de 1º ano e duas do 2º. ano. No turno da noite, de 18h10 às 22h40, há oito turmas de 1º ano, seis de 2º ano e cinco de 3º ano. "Nós obrigamos os alunos a ir para noite, senão ninguém ia querer estudar à noite". Cabe notar que é costume da escola encaminhar para o turno da noite alunos que são reprovados. A escola sempre ofereceu os três turnos, manhã, tarde e noite. "Os alunos novos vão para tarde". Todas as séries dos três turnos têm seis horas-aula por dia de segunda a sexta feira, o que significa "30 tempos de aula", embora as aulas da noite terminem em geral às 22h.

Na escola trabalham 100 professores, todos concursados. "Aqui estão os melhores colocados no concurso do Estado", declarou o assessor. Em 2005, ano da pesquisa de campo, não havia professor "contratado" na escola. Como ocorre em outras escolas de ensino médio, existe falta de professores. Em 2005, "tivemos carência de vinte professores. Por exemplo, dos 114 tempos de aulas de física, eu tenho professores para 84 tempos, logo faltam professores para 30 tempos de física". Cabe registrar que, na prática, isso significa que os alunos ficam sem esses tempos de aulas de física. O assessor informou que em 2005 entraram cinco professores concursados e saíram três. "Eles saem no meio do ano. Saiu um em agosto, outro em setembro e só um ficou até dezembro". Essa "carência" seria suprida por professores em regime de gratificação por lotação prioritária (GLP).

> O professor GLP é um professor concursado que dá mais tempos de aula. Mas é complicado, pois a GLP pode ser suprimida a qualquer momento, o estado não paga direito as GLPs. E também para não pagar os meses de férias, as GLPs são suspensas agora em dezembro; só são autorizadas em abril... (Assessor da direção)

Quanto às faltas, segundo um professor: "por lei os professores podem faltar uma vez por mês e a segunda falta pode ser abonada mediante um atestado médico, qualquer um". Conforme a diretora adjunta, a prática em relação às faltas docentes é a seguinte:

> A gente é que manda as faltas dos professes para a secretaria. Vou te dar um exemplo. A gente teve um professor que faltava: faltou, faltou, faltou, ele até um menino bom, mas faltava sem parar... o número de faltas foi tamanha que ele teve que responder a um processo administrativo com a secretaria de educação... por que a gente manda essas faltas mensais para a secretaria. E de repente ele sumiu. Quer dizer a gente manda, mas aí os professores, muitos falam: pô, a minha mãe ficou doente... Mas quando o sujeito some... Não pode isso... A gente tem toda uma política em relação a isso, a diretora é extremamente aberta, super compreensiva em relação a isso... Mas esse professor sumiu. Ele respondeu ao processo administrativo... Mas nada aconteceu com ele, está de novo dando aula. Tem a estabilidade do funcionário público. (Diretora adjunta da escola 2)

No caso desse professor que a gente falou, que faltava muito, ele entrou com recurso e alegou que ganhava muito mal, que o que ganhava não dava para pagar o condomínio dele, ele alegou questões financeiras e eles abonaram as faltas deles. Na escola particular, se o professor é faltoso, mandam embora. Se o professor não corresponde, eles mandam embora. O funcionário público não... Mas o professor da escola pública, ele não precisa ser exonerado como antigamente...ele podia ser punido, sei lá, manda pra Sepetiba. (Segunda diretora adjunta da escola 2)

As aulas do professor que falta não são repostas. Em tais casos, os alunos ficam com "tempo vago" ou um outro professor daquele dia antecipa sua aula e os alunos são liberados mais cedo. As aulas do turno da manhã e da tarde têm duração de 50 minutos e as do turno da noite de 40 minutos. Os alunos têm que ter 75% de presença para serem aprovados. Ou seja, podem faltar 25% das aulas, em todos os turnos. Embora "a gente não reprove por faltas", segundo informou uma professora.

Conversei algumas vezes com uma das diretoras adjuntas sobre o "Programa Sucesso Escolar". Segundo essa diretora, a escola estaria fazendo parte do Programa Sucesso porque "a secretaria nos classificou nessa lista". Minha impressão é a de que ela parecia não concordar com essa classificação. As aulas de "reforço escolar" começaram em julho embora pouquíssimos alunos tenham ido à aula. O maior empecilho, segundo a diretora e os professores com quem conversei, seria a falta de "vales transportes" que foram suspensos durante as férias escolares. "A gente ligou para os alunos e eles disseram que não podem vir porque não têm como pagar os ônibus. Temos alunos que moram em Jacarepaguá...". Surpreendi-me com esse fato, pois imaginei que os alunos desta escola morassem nas proximidades. Apesar de muitos estudantes morarem próximos da escola, assim como na escola 1, na escola 2 também conheci alunos que moravam em bairros distantes como Cascadura, Recreio dos Bandeirantes, Jacarepaguá, Rio das Pedras, Catumbi, Caxias. A questão do transporte para os alunos chegarem à escola, e participarem das aulas de reforço, fundamental para o funcionamento do "Programa Sucesso" , apareceu várias vezes como explicação para a presença de poucos alunos durante o primeiro semestre do Programa.

A opinião da diretora adjunta sobre o "Programa Sucesso Escolar" é de que "o projeto é interessante, mas não vai funcionar. Não quero ser pessimista, mas a base dele está errada". Ela explicou a sua percepção sobre os alunos da escola que dirige:

> O problema é quando se instituiu a aprovação automática por decreto. Os alunos ficaram semi-analfabetos. Se você escrever uma palavra com uma letra que eles não identifiquem, eles não entendem a palavra. Por exemplo, se o erre da palavra estiver escrito de uma forma diferente eles não leem a palavra. Não vêem o todo [...] O aluno do 1°. grau não é mais reprovado... Antigamente colégio bom é o que mais reprovava, lembra? Eles fizeram isso porque o custo de um aluno é de 400 reais. E tinha muita evasão, mas porque o aluno precisa trabalhar, não é porque ele é reprovado, como eles dizem... (Diretora adjunta da escola 2)

Segundo sua percepção, a escola foi incluída no programa porque muitos alunos ficam "em dependência".[12] A diretora explicou como pensa o ensino, a escola e os alunos.

> Os alunos chegam fraquíssimos. Como ensinar a ler no Ensino Médio? Eles tiveram uma alfabetização mal feita, do tipo 'juntar letrinhas'. Se você escreve uma palavra de um jeito diferente, com uma letra que eles não reconheçam, eles param, não lêem o resto da frase. [...]
>
> O conhecimento traz consciência. Veja esses jogadores de futebol, o Pelé, o Romário, que vão morar no exterior... Eles não mudam, não melhoram culturalmente, não buscam explicações sobre o mundo, não buscam assimilar a cultura dos países que vão. Voltam os mesmos, não se educam. (Diretora adjunta da escola 2)

Ela explicou o que denomina de problema do "nível" dos alunos de ensino médio: "A gente nivela por baixo, o aluno é deficiente e aí a gente não reprova". Segundo ela, "antigamente a escola boa reprovava em massa" e a reprovação tem uma função motivadora:

> Servia como motivação pra ele correr atrás, para selecionar pra vida, ele ficar mais preparado... antes, perder o ano era ruim; na minha época os reprovados eram os melhores quando repetiam. A reprovação era uma derrota, portanto servia para mudar o comportamento do reprovado. (Diretora adjunta da escola 2)

A diretora adjunta comentou que no seu tempo de estudante a reprovação era "residual", lembrando o caso de uma colega que se tornou a melhor aluna no ano em que repetiu a série. "Hoje não há cobrança e o aluno fica acomodado". A diretora está na direção há dois mandatos, a convite da atual diretora, bastante elogiada pela dedicação e seriedade.

---

[12] Os alunos reprovados em uma ou duas matérias não repetem o ano e ficam aprovados com "dependência".

Ela considera que é preciso "muito jogo de cintura e equilíbrio emocional" para exercer seu trabalho. Conforme acredita, a solução estaria em:

> Mudar a estrutura do ensino no sentido de trabalhar as deficiências de cada aluno, assim como a escola particular, que tem um atendimento individual... Aqui, a minoria vai para a faculdade, em 30 só cinco (buscam o vestibular), a maioria vai ser caixa de supermercado... A maioria é moradora de favela... ou um classe média falida ou o aluno que repetiu na particular e o pai manda pra cá. (Diretora adjunta da escola 2)

Em agosto de 2004, passei a ouvir da rua aquele barulho de vozes e gritos juvenis, típicos de escolas. Lembro que chegar no horário do recreio me possibilitou ver pela primeira vez o público da escola. Confesso que me surpreendi ao me deparar com uma escola organizada, limpa, com rapazes e moças adolescentes e jovens, brancos, morenos, louros, mulatos, negros, todos de uniforme, brincando na quadra, conversando, lanchando, enfim, com uma escola "normal". Fala-se tão mal da escola pública brasileira que imaginei encontrar uma escola igual àquelas que se veem em filmes americanos, verdadeiros campos de batalha de diferentes gangues, com alunos hostis brigando entre si e câmeras por todo o lado...

Considerações finais

A imersão no campo me levou a descobrir um princípio de funcionamento das salas de aula, que descrevi com a metáfora "centro e periferia". A cultura da repetência se reproduz na própria estrutura de aula, na medida em que o professor não ensina a todos os alunos. A sala de aula não é para todos. Os alunos reprovados estão na "periferia" da sala de aula.

Os pesquisadores em Educação em geral concordam que o maior problema do ensino brasileiro é a repetência. A explicação por grande parte dos cientistas é a de que os alunos não aprendem e por isso são reprovados pelos professores. Segundo essa versão, os estudantes brasileiros não aprendem porque os professores não sabem ensinar. A tese levantada no meu estudo é a de que os alunos são reprovados porque há uma lógica que os faz reprovar, baseada em princípios culturais de nossa sociedade. Essa lógica está encarnada na estrutura da sala de aula e nas representações dos docentes. Na cultura do sistema de ensino brasileiro, parece existir uma crença generalizada de que alguns alunos são menos capazes de aprender e que a educação não é para todos.

Outra conclusão da pesquisa foi a de que existem dois tipos de alunos no "centro". Não são exclusivamente alunos com condições extraescolares privilegiadas. Alunos com condições socioeconômicas mais simples também podem ser "centro" da sala de aula, desde que sobre eles os docentes tenham expectativas positivas quanto ao aprendizado.

Quero registrar que minha condição de professora foi fundamental para a realização dessa pesquisa. Penso que esse estudo só foi possível porque faço parte do mundo social do Ensino e da Educação. Eu também sou uma professora brasileira, submetida à mesma cultura da repetência, formada segundo essa "filosofia" de ensino. Lembro quando ouvi da minha orientadora a frase: "a maior violência da escola é a repetência". Pensei comigo mesma: "como assim, é possível ensinar sem reprovar?". Observando as salas de aula, eu via em mim o mesmo modo de agir que eu notava nos professores. Nas minhas aulas, eu me comportava com meus alunos da mesma forma que os professores observados! Eu dava aulas para alguns alunos da sala e não para todos. Eu fazia igual! Tinha crenças semelhantes e também usava o recurso da reprovação para os que não aprendiam o que eu ensinava: eu também pensava que alguns alunos não iriam aprender! Mas, à medida que eu aprofundava a pesquisa de campo, "estranhando o familiar", fui construindo novas hipóteses e mudando minha prática. Passei a ensinar a todos, sem "julgar" as razões pelas quais eu pensava que um ou outro não sabia.

Gostaria que, após essas considerações, os professores refletissem sobre a possibilidade de retirar a pedagogia da repetência de suas práticas profissionais e se perguntassem, assim como eu: é possível ensinar sem reprovar?

Referências

BARBOSA, M. L. de O. A qualidade da escola e as desigualdades raciais no Brasil. In: *Os mecanismos de discriminação racial nas escolas brasileiras*. Rio de Janeiro: IPEA, 2005.

BARBOSA, M. L.; RANDALL, L. Desigualdades sociais e formação de expectativas familiares e de professores. *Caderno CRH*, Salvador, v. 17, n. 41, p. 299-308, mai./ago. 2004.

BOURDIEU, P.; PASSERON, J. C. *A reprodução: elementos para uma teoria do sistema de ensino*. Rio de Janeiro: Francisco Alves, 1982.

BOURDIEU, P.; PASSERON, J. C. A escola conservadora: desigualdades frente à escola e à cultura. In: NOGUEIRA, M. A.; CATANI, A. (Org.). *Escritos de Educação*. Petrópolis: Vozes, 1998, p. 39-64.

BRESSOUX, P. As pesquisas sobre o efeito-escola e o efeito-professor. *Educação em Revista*, Belo Horizonte, n. 38, p. 17-86, dez. 2003.

DURU-BELLAT, M. Amplitude e aspectos peculiares das desigualdades sociais na escola francesa. *Revista Educação e Pesquisa*, São Paulo, v. 31, n. 1, p. 13-30, jan./ abr. 2005.

FERRÃO, M. E.; FERNANDES, C. A escola brasileira faz diferença? Uma investigação dos efeitos da escola na proficiência em matemática dos alunos da 4ª série. In: FRANCO, C. (Org.), *Avaliação, ciclos e promoção na educação*. Porto Alegre: Artmed, 2001.

FORQUIN, J. C. *Sociologia da Educação: 10 anos de pesquisa*. Petrópolis: Vozes, 1995.

KLEIN, R. Universalização do ensino básico. *Jornal O Globo*. Rio de Janeiro. 21 jan. 2007, p. 7.

MALINOWSKI, B. K. Os Pensadores, Abril Cultural,1978.

PAIVA, V. *et al.* Revolução educacional e contradições da massificação do ensino. In: QUINTEIRO, J (Org.). *Contemporaneidade e Educação: Revista semestral temática de Ciências Sociais e Educação*, Ano III, n. 3, 1998.

RIBEIRO, S. C. A Pedagogia da Repetência. *Tecnologia Educacional*, v. 19, n. 97, p. 134-20, nov./dez.,1990.

ROSENTHAL J.; JACOBSON. L. *Pygmalion in the Classroom*. Nova York: Holt, Rineart &Winston, 1968.

SÁ EARP, M. de L. *A cultura da repetência em escolas cariocas*. Tese (Doutorado em Antropologia Cultural) – Programa de Pós-Graduação em Sociologia e Antropologia. Universidade Federal do Rio de Janeiro, UFRJ/IFCS, Rio de Janeiro, dez. 2006.

SÁ EARP, M. de L. *O projeto alunos residentes de CIEPs: Educação e Assistência?* Dissertação (Mestrado em Educação) – Programa de Pós-Graduação em Educação, Pontifícia Universidade Católica do Rio de Janeiro, Rio de Janeiro, maio 1996.

TURA, M. de L. R. *O olhar que não quer ver: histórias da escola*. Petrópolis: Vozes, 2000.

Os autores

André Márcio Picanço Favacho

Pedagogo, mestre em Educação. Doutor em Educação pela Universidade de São Paulo. Foi professor de Sociologia da Educação da Faculdade de Educação da Universidade do Estado de Minas Gerais (UEMG) e docente do corpo permanente do Programa de Pós-Graduação Stricto Sensu – Mestrado em Educação da mesma faculdade. Membro do Núcleo de Estudos e Pesquisas sobre Formação de Professores, Trabalhado Docente e Discurso Pedagógico (NFTD). Atualmente, é professor do Departamento de Administração Escolar da Faculdade de Educação da Universidade Federal de Minas Gerais (UFMG).

Ana Amélia Borges de Magalhães Lopes

Pedagoga, mestre em Educação. Doutora em Educação pela Universidade Federal de Minas Gerais. Professora do corpo permanente do Programa de Pós-Graduação Stricto Sensu – Mestrado em Educação da Universidade do Estado de Minas Gerais (UEMG) e professora de Psicologia da Educação mesma faculdade.

José de Sousa Miguel Lopes

Pedagogo, mestre em Educação. Doutor em História e Filosofia da Educação pela PUC/SP. Moçambicano, ex-diretor nacional de Formação de Quadros da Educação no Ministério de Educação de Moçambique no pós-independência. Professor do corpo permanente do Programa de Pós-Graduação Stricto Sensu – Mestrado em Educação da Universidade do Estado de Minas Gerais (UEMG).

Karla Cunha Pádua

Graduada em Ciências Sociais, mestre em Educação. Doutora em Educação pela Universidade Federal de Minas Gerais. Professora de Sociologia da Educação na Faculdade de Educação da Universidade do Estado de Minas Gerais (UEMG).

Magda Chamon

Pedagoga, mestre em Educação. Doutora em Educação pela Universidade Federal de Minas Gerais. Professora do corpo permanente do Programa de Pós-Graduação Stricto Sensu – Mestrado em Educação e pró-reitora de pesquisa na Universidade do Estado de Minas Gerais (UEMG).

Maria de Lourdes Sá Earp

Mestre em Educação pela PUC-Rio, doutora e pós-doutora em Antropologia pela UFRJ. Professora da Universidade Presidente Antônio Carlos (UNIPAC), Barbacena-MG.

Mauro Giffoni de Carvalho

Psicólogo, pedagogo, mestre em Educação. Doutor em Comunicação e Cultura (ECA/UFRJ). Professor de Psicologia da Educação da Faculdade de Educação da Universidade do Estado de Minas Gerais (UEMG), pesquisador do Programa de Pós-Graduação Stricto Sensu da mesma faculdade, integrante do Programa de Iniciação Científica (Copinc) do Centro Universitário Newton Paiva, de Belo Horizonte-MG.

Regina Célia Passos Ribeiro de Campos

Foi professora de Psicologia da Educação da Faculdade de Educação e docente do corpo permanente do Programa de Pós-graduação Stricto Sensu – Mestrado em Educação da Universidade do Estado de Minas Gerais UEMG. Atualmente, é professora adjunta do Departamento de Ciências Aplicadas à Educação da Universidade Federal de Minas Gerais (DECAE/UFMG).

Santuza Amorim da Silva

Graduada em Estudos Sociais (História) e Biblioteconomia, mestre e doutora em Educação pela Universidade Federal de Minas Gerais. Professora do corpo permanente do Programa de Pós-Graduação Stricto Sensu – Mestrado em Educação da Universidade do Estado de Minas Gerais (UEMG).